תאריך

———————————————

לכבוד

———————————————

———————————————

———————————————

———————————————

בברכה

———————————————

∽

ספר הברכות

מַתָּן אמנויות הוצאה לאור בע"מ

מתן אמנויות - הוצאה לאור בע"מ
ת.ד. 19, כפר האורנים 73134
טלפון: 08-9764080 פקס: 08-9764081
mtn@matan-arts.co.il, www.matan-arts.co.il

עיצוב ועריכה גרפית: ריימון סינטס

עורך: דוד ארנון
עוזרת עריכה: חלי דוכני
טקסט ברכות ותפילות: אליהו שיטרית, ירושלים
ייעוץ ועריכה תורנית: הרב משה מנחם קצבורג, מודיעין עילית

לוחות, הדפסה וכריכה: מפעלי דפוס כתר, ירושלים
השבחות נייר: היי-טק פרינט בע"מ, חולון

מהדורה עשירית - ינואר 2010
נדפס בישראל

ספר הברכות

לשבתות וחגים במשפחה

עם תשובות לשאלות מרכזיות

כולל הגדה לפסח

תוכן העניינים

מבוא ... 6

שבת
שאלות ותשובות ... 13
הדלקת נרות שבת וחג ... 14
ברכת הילדים ... 15
"שלום עליכם" ... 16
"אשת חיל" ... 17
קידוש ליל שבת ... 18
"דרור יקרא", "ידיד נפש" ... 20
סדר קידוש היום (שחרית) ... 21

ראש השנה
שאלות ותשובות ... 25
קידוש ליל החג ... 26
סדר ליל ראש השנה ... 28
סדר קידוש היום (שחרית) ... 30

יום הכיפורים
שאלות ותשובות ... 35
הדלקת נרות ... 36
ברכת הבנים ... 37
ברכת הבנות ... 38
הבדלה ליום הכיפורים ... 39

חג הסוכות
שאלות ותשובות ... 43
סדר האושפיזין ... 44
קידוש ליל החג ... 46
סדר קידוש היום (שחרית) ... 49

חג שמיני עצרת ושמחת תורה
שאלות ותשובות ... 53
קידוש ליל החג ... 54
סדר קידוש היום (שחרית) ... 56

חג החנוכה
שאלות ותשובות ... 61
הדלקת נרות חנוכה ... 62
מזמור שיר חנוכת הבית לדוד ... 64
מזמור "מעוז צור" ... 65

4

תוכן העניינים

חג הפורים

שאלות ותשובות ... 69
מצוות חג הפורים ... 70

חג הפסח

שאלות ותשובות ... 75
הגדה של פסח ... 76
קידוש חג שני של פסח (זהה לקידוש ליל הסדר ללא ברכת "שהחינו") ... 78

חג השבועות

שאלות ותשובות ... 119
קידוש ליל החג ... 120
סדר קידוש היום (שחרית) ... 122

הבדלה

שאלות ותשובות ... 127
הבדלה למוצאי שבת ... 128
הבדלה למוצאי יום טוב ... 130
חדר עירוב תבשילין ... 131

חגים נוספים, ימי זיכרון וברכות שונות

ט"ו בשבט ... 135
יום הזיכרון לשואה ולגבורה ... 136
קדיש יתום ... 137
יום הזיכרון לחללי המלחמות ולנפגעי פעולות האיבה ... 138
יום העצמאות ... 139
ל"ג בעומר ... 140
ספירת העומר ... 140
ט"ו באב ... 140
ימי תענית ... 141

ברכת המזון - נוסח אשכנזי ... 142
ברכת מעין שלוש ... 149
ברכת המזון - נוסח ספרדי ... 150
ברכת מעין שלוש ... 157

ברכות הנהנין (ברכות הטעם) ... 158
ברכה לחולה ... 159
ברכת המזוזה ... 160

דפי המשפחה ...

5

מבוא

ספר הספרים ובראשו התורה - שלפי המסורת ניתנה לעם
ישראל במעמד הר סיני בשנת תמ"ח (1512 לפסה"נ) - הוא
הלב הדתי, הלאומי והחברתי של עם ישראל. בתורה הצטווה עם
ישראל לשמור את השבת, לציין את ראש השנה, את יום הכיפורים
ואת שמיני עצרת, ולחוג את שלושת הרגלים - סוכות פסח ושבועות.

במהלך השנים קבעו חכמי ישראל חגים נוספים וימי ציון שונים,
בעיקר לזכר אירועים בעלי חשיבות לאומית, דוגמת פורים וחנוכה.
מזמורים מגוונים להאדרת הימים הטובים ולהעשרתם נוספו אף הם
עם הזמן והצטרפו לנוסחי הברכות והתפילות הקיימים, ליצירת סדר
ברכות ופיוטים מקיף לשבת ולכל חגי ישראל.

נוסח הברכות והתפילות נקבע ברובו בראשית ימי בית שני (אמצע המאה החמישית לפסה"נ) על-ידי "אנשי כנסת הגדולה" בראשות עזרא הסופר, שראה בתוספות השונות המשך ישיר למצווה בתורה, ככתוב במשנה: "משה קיבל תורה מסיני ומסרה ליהושע, ויהושע לזקנים, וזקנים לנביאים, ונביאים מסרוה לאנשי כנסת הגדולה" (מסכת אבות א, א).

ימי הגלות מארץ-ישראל והגירושים הבלתי פוסקים בין הגלויות הקשו על עם ישראל גם בכל הנוגע לעבודת האל וציון הימים הטובים. בקהילות היהודים, שהתפזרו בין העמים, התפתחו אפוא נוסחים שונים קמעא של ברכות ותפילות, גם אם בכולם נשמרו העיקרים המהותיים. כמה מן הנוסחים הללו אבדו מן העולם, אך חלקם השתמר בקרב הקהילות ששרדו את ימי הגלות הקשים.

נוסחי הברכות והתפילות המוכרים ביותר הם נוסח אשכנז (שהיה נהוג בגלויות מרכז אירופה ומזרחה), נוסח הספרדים (שהיה נהוג בגלות ספרד ובקהילות שקמו ברחבי העולם לאחר גירוש ספרד ב-1492), ונוסח ספרד (שמקורו ביהדות החסידית של מזרח-אירופה במאה ה-18, ומהווה למעשה שילוב של נוסח אשכנז ונוסח הספרדים). כאמור, גם בקרב אלה שמרו הקהילות השונות על נוסחים ייחודיים להן.

בתקופת הגאונים (המאה השביעית עד המאה ה-11) החלו להופיע בגלות בבל נוסחי תפילה מקובצים בכתב-יד, שקיבלו את השם "סידורי תפילה". כתבים אלה נועדו בעיקר לשימושם של החזנים בבית הכנסת. משרבו התפילות והמנהגים שהתקבלו לסדר התפילה, החלו להופיע "סידורים" ובהם תפילות לשבת ולימי חול - ואילו התפילות לימים הטובים כונסו ב"מחזור תפילות".

את הסידור הראשון המוכר לנו כיום כינס ר' נטרונאי גאון (ראש ישיבת סורא שבבבל בשנים 853-858 לסה"נ). שניים מהידועים בסידורים שהופיעו אחריו הם הסידור של ר' סעדיה גאון (בבל, 882-942) ושל הרמב"ם (1138-1204).

כמה מן המחזורים והסידורים נכתבו בכתב אמנותי ואוירו ברוב חן בידי אמנים שונים, כדי לפאר ולהאדיר את קדושת השבת והחגים. בין המחזורים

המאוירים ראויים לציון "מחזור צפון צרפת" מ-1280 ו"מחזור רוטשילד" מצפון איטליה מ-1470 בקירוב.

עם המצאת הדפוס בשלהי המאה ה-15 ושכלולו במאות הבאות, נהנו גם היהודים מזמינותו של אמצעי התקשורת החדש. העיון, הלימוד ועבודת האל נפוצו בכל ואף העמיקו בעזרת אותם חוברות וספרים בהירים, לעתים מאוירים לתפארת. מנהג חדש יחסית, שראשיתו בעידן הדפוס, היה לאסוף בספר את נוסחי הברכות והתפילות הנאמרים בביתו של אדם, בשונה מנוסח התפילה והברכה הנהוג בבית הכנסת.

בספר זה אנו מביאים אסופה של ברכות, קידושים, תפילות ומזמורים הנקראים בבית, בקרב המשפחה ואורחיה בשבת או בחג. לקורא המתעניין, החסר ידע בתחומים מסוימים, הוספנו ברוח המסורת היהודית שאלות ותשובות או דברי הסבר והבהרות.

ספר מיוחד זה משלב את ברכות החג המסורתיות, בנות אלפי השנים, עם יצירות אמנות מרהיבות מרחבי תבל. השילוב הייחודי נתמך על-ידי טכניקות הדפסה חדשניות ועיצוב עכשווי, הנותנים כבוד שאין שני לו לתרבות ישראל בכלל ולאמנות הכתיבה והדפוס בפרט.

ממול: גביע קידוש מכסף וזהב, אאוגסבורג, גרמניה, 1737,
אוסף מוזיאון ישראל, ירושלים

וַיְבָרֶךְ אֱלֹהִים אֶת
יוֹם הַשְּׁבִיעִי וַיְקַדֵּשׁ
אֹתוֹ כִּי בוֹ שָׁבַת מִכָּל
מְלַאכְתּוֹ אֲשֶׁר בָּרָא
אֱלֹהִים לַעֲשׂוֹת:

בראשית ב, ג

12

מה הטעם בהדלקת נרות שבת?

השבת היא מרכז חייו של היהודי. בשמירה על השבת היהודי מביע את אמונתו בבורא עולם, שביטויה המלא הוא השמירה על מצוות התורה. האדם חייב לכבד את השבת, היום שבו ניתנה התורה; כבודה הוא כבוד בורא עולם וכבוד עם ישראל, שרק הוא נצטווה בשמירתה ובלעדיו אין לקב"ה שבת בעולם. השבת היא מתנה טובה שנתן הקב"ה לעם ישראל, שנאמר: "אך את שבתותי תשמרו כי אות היא ביני וביניכם לדורותיכם לדעת כי אני ה' מקדשכם. [...] ושמרו בני ישראל את השבת לעשות את השבת לדורותם ברית עולם" (שמות לא, יג-טז). כבודה של השבת בהדלקת נרות לפני כניסתה מבעוד יום, ונוהגים בשני נרות לפחות, להזכיר את שני הפסוקים שבעשרת הדיברות: "זכור את יום השבת לקדשו" (שמות כ, ז); "שמור את יום השבת לקדשו כאשר ציווך ה' אלוהיך" (דברים ה, יא).

מה תפקידו וחשיבותו של הקידוש על היין?

נאמר בתורה "זכור את יום השבת לקדשו", ופירשו רבותינו מצווה זו, להזכיר בכניסת היום וביציאתו את זכר גדולת היום ומעלתו והבדלתו לשבח מויאר הימים שלפניו ולאחריו. ו ברים אלו מצווים אנו לאומרם על כוס יין, להדגישם ולכבדם, לפי שטבע היין שהוא מעורר וגורם התפעלות לנפש האדם, וזו השירה ליום השבת. מתקנת חכמים לקדש על היין בימים טובים כמו בשבת. במצוות זכירת השבת כלול גם עניין מרכזיותה של השבת כל השבוע, על-ידי מניית הימים "יום ראשון" לשבת, "יום שני" לשבת וכן הלאה, בשונה מהעמים שקבעו שמות פרטיים לימים כמו לחודשים.

מה חשיבותן של סעודות השבת?

כשם שנצטווינו לכבד את השבת, כך נצטווינו לענגה בשלוש סעודות - אחת בלילה ושתיים ביום - בבשר ובדגים ובכל מה שהאדם אוהב, ובשירה וזמרה ודברי תורה מפרשת השבוע. סעודות אלו נפתחות ב"לחם משנה" - ברכה על שתי חלות, זכר לנס השבת שהיה בארבעים שנות המדבר. באותם ימים כולכלנו ב"מן" - לחם מן השמים - שהיה יורד בכל יום ובשבת לא ירד, אך ביום שישי היתה יורדת כמות כפולה לצורך השבת. על זה נאמר, "ראו כי ה' נתן לכם השבת, על כן הוא נותן לכם ביום השישי לחם יומיים" (שמות טז, כט). נהוג להניח את החלות על שולחן מכוסה מפה ולכסותן במפה מלמעלה, זכר למן שהיה יורד על שכבת טל ושכבת טל מעליו. כמו כן מענגים את השבת בריבוי פירות וממתקים, במנוחה, בשינה ובלימוד תורה.

בשבת

בערב השבת תדליק האשה את הנרות ואחר-כך תברך:

בָּרוּךְ אַתָּה יְהֹוָה, אֱלֹהֵינוּ מֶלֶךְ הָעוֹלָם, אֲשֶׁר קִדְּשָׁנוּ בְּמִצְוֹתָיו, וְצִוָּנוּ לְהַדְלִיק נֵר שֶׁל שַׁבָּת.

יום טוב

בערב החג תדליק האשה את הנרות ואחר-כך תברך: (ויש נוהגות לברך קודם ההדלקה)

בָּרוּךְ אַתָּה יְהֹוָה, אֱלֹהֵינוּ מֶלֶךְ הָעוֹלָם, אֲשֶׁר קִדְּשָׁנוּ בְּמִצְוֹתָיו, וְצִוָּנוּ לְהַדְלִיק נֵר שֶׁל (אם חל בשבת שַׁבָּת וְ) יוֹם־טוֹב.

ביום א' של פסח, בשבועות, בשני הימים של ראש השנה, ביום א' של סוכות ובשמיני עצרת, מברכים אחרי הדלקת הנרות:

בָּרוּךְ אַתָּה יְיָ, אֱלֹהֵינוּ מֶלֶךְ הָעוֹלָם. שֶׁהֶחֱיָנוּ וְקִיְּמָנוּ וְהִגִּיעָנוּ לַזְּמַן הַזֶּה.

יש הנוהגות להוסיף:

אשכנזי יְהִי רָצוֹן מִלְּפָנֶיךָ יְהֹוָה אֱלֹהַי וֵאלֹהֵי אֲבוֹתַי שֶׁתְּחוֹנֵן אוֹתִי (וְאֶת־אִישִׁי וְאֶת־בָּנַי וְאֶת־בְּנוֹתַי וְאֶת־אָבִי וְאֶת־אִמִּי) וְאֶת־כָּל־קְרוֹבַי, וְתִתֶּן לָנוּ וּלְכָל־יִשְׂרָאֵל חַיִּים טוֹבִים וַאֲרוּכִים, וְתִזְכְּרֵנוּ בְּזִכְרוֹן טוֹבָה וּבְרָכָה, וְתִפְקְדֵנוּ בִּפְקֻדַּת יְשׁוּעָה וְרַחֲמִים, וּתְבָרְכֵנוּ בְּרָכוֹת גְּדוֹלוֹת, וְתַשְׁלִים בָּתֵּינוּ, וְתַשְׁכֵּן שְׁכִינָתְךָ בֵּינֵינוּ. וְזַכֵּנִי לְגַדֵּל בָּנִים וּבְנֵי בָנִים חֲכָמִים וּנְבוֹנִים, אוֹהֲבֵי יְהֹוָה יִרְאֵי אֱלֹהִים אַנְשֵׁי אֱמֶת, זֶרַע קֹדֶשׁ בַּיהֹוָה דְּבֵקִים, וּמְאִירִים אֶת הָעוֹלָם בַּתּוֹרָה וּבְמַעֲשִׂים טוֹבִים וּבְכָל־מְלֶאכֶת

עֲבוֹדַת הַבּוֹרֵא. אָנָּא שְׁמַע אֶת תְּחִנָּתִי בָּעֵת הַזֹּאת בִּזְכוּת שָׂרָה וְרִבְקָה וְרָחֵל וְלֵאָה אִמּוֹתֵינוּ. וְהָאֵר נֵרֵנוּ שֶׁלֹּא יִכְבֶּה לְעוֹלָם וָעֶד. וְהָאֵר פָּנֶיךָ וְנִוָּשֵׁעָה. אָמֵן.

ספרדי: יְהִי רָצוֹן מִלְּפָנֶיךָ. יְהֹוָה אֱלֹהַי וֵאלֹהֵי אֲבוֹתַי. שֶׁתָּחוֹס וּתְרַחֵם עָלַי. וְתַגְדִּיל חַסְדְּךָ עִמָּדִי לָתֵת לִי זֶרַע אֲנָשִׁים עוֹשֵׂי רְצוֹנֶךָ. וְעוֹסְקִים בְּתוֹרָתְךָ לִשְׁמָהּ. וִיהִיוּ מְאִירִים בַּתּוֹרָה בִּזְכוּת נֵרוֹת הַשַּׁבָּת הַלָּלוּ. כְּמוֹ שֶׁכָּתוּב: כִּי נֵר מִצְוָה וְתוֹרָה אוֹר. וְגַם תָּחוּס וּתְרַחֵם עַל בַּעְלִי (פלוני בן פלונית) וְתִתֵּן לוֹ אֹרֶךְ יָמִים וּשְׁנוֹת חַיִּים עִם בְּרָכָה וְהַצְלָחָה. וּתְסַיְּעֵהוּ לַעֲשׂוֹת רְצוֹנְךָ בִּשְׁלֵמוּת. כֵּן יְהִי רָצוֹן. אָמֵן. וִיהִי נֹעַם אֲדֹנָי אֱלֹהֵינוּ עָלֵינוּ. וּמַעֲשֵׂה יָדֵינוּ כּוֹנְנָה עָלֵינוּ. וּמַעֲשֵׂה יָדֵינוּ כּוֹנְנֵהוּ.

ברכת הילדים

נהוג לברך את הילדים בליל שבת

לבן: יְשִׂמְךָ אֱלֹהִים כְּאֶפְרַיִם וְכִמְנַשֶּׁה

לבת: יְשִׂמֵךְ אֱלֹהִים כְּשָׂרָה, רִבְקָה, רָחֵל וְלֵאָה

יְבָרֶכְךָ יְהֹוָה וְיִשְׁמְרֶךָ:

יָאֵר יְהֹוָה פָּנָיו אֵלֶיךָ וִיחֻנֶּךָּ:

יִשָּׂא יְהֹוָה פָּנָיו אֵלֶיךָ וְיָשֵׂם לְךָ שָׁלוֹם:

זמירות קודם הקידוש והסעודה:

שָׁלוֹם עֲלֵיכֶם

מַלְאֲכֵי הַשָּׁרֵת, מַלְאֲכֵי עֶלְיוֹן, מִ/מֶּלֶךְ מַלְכֵי הַמְּלָכִים
הַקָּדוֹשׁ בָּרוּךְ הוּא. שָׁלוֹשׁ פְּעָמִים

בּוֹאֲכֶם לְשָׁלוֹם

מַלְאֲכֵי הַשָּׁלוֹם, מַלְאֲכֵי עֶלְיוֹן, מִ/מֶּלֶךְ מַלְכֵי הַמְּלָכִים
הַקָּדוֹשׁ בָּרוּךְ הוּא. שָׁלוֹשׁ פְּעָמִים

בָּרְכוּנִי לְשָׁלוֹם

מַלְאֲכֵי הַשָּׁלוֹם, מַלְאֲכֵי עֶלְיוֹן, מִ/מֶּלֶךְ מַלְכֵי הַמְּלָכִים
הַקָּדוֹשׁ בָּרוּךְ הוּא. שָׁלוֹשׁ פְּעָמִים

ספרדי

בְּשִׁבְתְּכֶם לְשָׁלוֹם

מַלְאֲכֵי הַשָּׁלוֹם, מַלְאֲכֵי עֶלְיוֹן, מֶלֶךְ מַלְכֵי הַמְּלָכִים
הַקָּדוֹשׁ בָּרוּךְ הוּא. שָׁלוֹשׁ פְּעָמִים

בְּצֵאתְכֶם לְשָׁלוֹם

מַלְאֲכֵי הַשָּׁלוֹם, מַלְאֲכֵי עֶלְיוֹן, מִ/מֶּלֶךְ מַלְכֵי הַמְּלָכִים
הַקָּדוֹשׁ בָּרוּךְ הוּא. שָׁלוֹשׁ פְּעָמִים

כִּי מַלְאָכָיו יְצַוֶּה לָּךְ
לִשְׁמָרְךָ בְּכָל דְּרָכֶיךָ: יְהֹוָה יִשְׁמָר־צֵאתְךָ וּבוֹאֶךָ
מֵעַתָּה וְעַד עוֹלָם:

אֵשֶׁת חַיִל

אֵשֶׁת חַיִל מִי יִמְצָא. וְרָחֹק מִפְּנִינִים מִכְרָהּ:
בָּטַח בָּהּ לֵב בַּעְלָהּ. וְשָׁלָל לֹא יֶחְסָר:
גְּמָלַתְהוּ טוֹב וְלֹא רָע. כֹּל יְמֵי חַיֶּיהָ:
דָּרְשָׁה צֶמֶר וּפִשְׁתִּים. וַתַּעַשׂ בְּחֵפֶץ כַּפֶּיהָ:
הָיְתָה כָּאֳנִיּוֹת סוֹחֵר. מִמֶּרְחָק תָּבִיא לַחְמָהּ:
וַתָּקָם בְּעוֹד לַיְלָה. וַתִּתֵּן טֶרֶף לְבֵיתָהּ וְחֹק לְנַעֲרֹתֶיהָ:
זָמְמָה שָׂדֶה וַתִּקָּחֵהוּ. מִפְּרִי כַפֶּיהָ נָטְעָה כָּרֶם:
חָגְרָה בְעוֹז מָתְנֶיהָ. וַתְּאַמֵּץ זְרוֹעֹתֶיהָ:
טָעֲמָה כִּי טוֹב סַחְרָהּ. לֹא יִכְבֶּה בַלַּיְלָה נֵרָהּ:
יָדֶיהָ שִׁלְּחָה בַכִּישׁוֹר. וְכַפֶּיהָ תָּמְכוּ פָלֶךְ:
כַּפָּהּ פָּרְשָׂה לֶעָנִי. וְיָדֶיהָ שִׁלְּחָה לָאֶבְיוֹן:
לֹא תִירָא לְבֵיתָהּ מִשָּׁלֶג. כִּי כָל בֵּיתָהּ לָבֻשׁ שָׁנִים:
מַרְבַדִּים עָשְׂתָה לָּהּ. שֵׁשׁ וְאַרְגָּמָן לְבוּשָׁהּ:
נוֹדָע בַּשְּׁעָרִים בַּעְלָהּ. בְּשִׁבְתּוֹ עִם זִקְנֵי אָרֶץ:
סָדִין עָשְׂתָה וַתִּמְכֹּר. וַחֲגוֹר נָתְנָה לַכְּנַעֲנִי:
עֹז וְהָדָר לְבוּשָׁהּ. וַתִּשְׂחַק לְיוֹם אַחֲרוֹן:
פִּיהָ פָּתְחָה בְחָכְמָה. וְתוֹרַת חֶסֶד עַל לְשׁוֹנָהּ:
צוֹפִיָּה הֲלִיכוֹת בֵּיתָהּ. וְלֶחֶם עַצְלוּת לֹא תֹאכֵל:
קָמוּ בָנֶיהָ וַיְאַשְּׁרוּהָ. בַּעְלָהּ וַיְהַלְלָהּ:
רַבּוֹת בָּנוֹת עָשׂוּ חָיִל. וְאַתְּ עָלִית עַל כֻּלָּנָה:
שֶׁקֶר הַחֵן וְהֶבֶל הַיֹּפִי. אִשָּׁה יִרְאַת יְהֹוָה הִיא תִתְהַלָּל:
תְּנוּ לָהּ מִפְּרִי יָדֶיהָ. וִיהַלְלוּהָ בַשְּׁעָרִים מַעֲשֶׂיהָ:

קידוש ליל שבת

ימלא את הכוס ביין, יעמוד, ייטול הכוס ביד ימין,
יגביהנו מעל השולחן ויאמר:

אשכנזי (בלחש) וַיְהִי עֶרֶב וַיְהִי בֹקֶר

יוֹם הַשִּׁשִּׁי: וַיְכֻלּוּ הַשָּׁמַיִם וְהָאָרֶץ וְכָל
צְבָאָם: וַיְכַל אֱלֹהִים בַּיּוֹם הַשְּׁבִיעִי
מְלַאכְתּוֹ אֲשֶׁר עָשָׂה.
וַיִּשְׁבֹּת בַּיּוֹם הַשְּׁבִיעִי מִכָּל
מְלַאכְתּוֹ אֲשֶׁר עָשָׂה:
וַיְבָרֶךְ אֱלֹהִים אֶת
יוֹם הַשְּׁבִיעִי וַיְקַדֵּשׁ אֹתוֹ.
כִּי בוֹ שָׁבַת מִכָּל מְלַאכְתּוֹ אֲשֶׁר
בָּרָא אֱלֹהִים לַעֲשׂוֹת:

ספרדי סָבְרֵי מָרָנָן ועונים: לְחַיִּים | אשכנזי סָבְרֵי מָרָנָן וְרַבָּנָן וְרַבּוֹתַי

בָּרוּךְ אַתָּה יְהוָה, אֱלֹהֵינוּ מֶלֶךְ הָעוֹלָם,
בּוֹרֵא פְּרִי ספרדי הַגֶּפֶן אשכנזי הַגָּפֶן. ועונים אָמֵן.

בָּרוּךְ אַתָּה יְהוָה, אֱלֹהֵינוּ מֶלֶךְ הָעוֹלָם,
אֲשֶׁר קִדְּשָׁנוּ בְּמִצְוֹתָיו וְרָצָה בָנוּ, וְשַׁבַּת
קָדְשׁוֹ בְּאַהֲבָה וּבְרָצוֹן הִנְחִילָנוּ, זִכָּרוֹן

לְמַעֲשֵׂה בְרֵאשִׁית. אשכנזי כִּי הוּא יוֹם תְּחִלָּה
לְמִקְרָאֵי קֹדֶשׁ. זֵכֶר לִיצִיאַת מִצְרָיִם.
אשכנזי כִּי בָנוּ בָחַרְתָּ וְאוֹתָנוּ קִדַּשְׁתָּ מִכָּל
הָעַמִּים וְשַׁבַּת קָדְשְׁךָ בְּאַהֲבָה וּבְרָצוֹן
הִנְחַלְתָּנוּ. בָּרוּךְ אַתָּה יְהֹוָה. מְקַדֵּשׁ הַשַּׁבָּת.

יטעם מהכוס ויחלק לכל המסובין. ייטול ידיו ויברך:

בָּרוּךְ אַתָּה יְהֹוָה.
אֱלֹהֵינוּ מֶלֶךְ הָעוֹלָם.
אֲשֶׁר קִדְּשָׁנוּ
בְּמִצְוֹתָיו וְצִוָּנוּ
עַל נְטִילַת יָדָיִם:

יברך על שתי חלות:

בָּרוּךְ אַתָּה יְהֹוָה. אֱלֹהֵינוּ מֶלֶךְ
הָעוֹלָם. הַמּוֹצִיא לֶחֶם מִן הָאָרֶץ:

יבצע החלה ויטעם. יחלק לכל המסובין (לפחות כזית לכל אחד)

סעודת השבת

דרור יקרא

דְּרוֹר יִקְרָא לְבֵן עִם בַּת, וְיִנְצָרְכֶם כְּמוֹ בָבַת,
נְעִים שִׁמְכֶם וְלֹא יֻשְׁבַּת, שְׁבוּ וְנוּחוּ בְּיוֹם שַׁבָּת.
דְּרוֹשׁ נָוִי וְאוּלָמִי, וְאוֹת יֶשַׁע עֲשֵׂה עִמִּי,
נְטַע שׂוֹרֵק בְּתוֹךְ כַּרְמִי, שְׁעֵה שַׁוְעַת בְּנֵי עַמִּי.
דְּרוֹךְ פּוּרָה בְּתוֹךְ בָּצְרָה, וְגַם בָּבֶל אֲשֶׁר גָּבְרָה,
נְתוֹץ צָרַי בְּאַף וְעֶבְרָה, שְׁמַע קוֹלִי בְּיוֹם אֶקְרָא.
אֱלֹהִים תֵּן בַּמִּדְבָּר הַר, הֲדַס שִׁטָּה בְּרוֹשׁ תִּדְהָר,
וְלַמַּזְהִיר וְלַנִּזְהָר, שְׁלוֹמִים תֵּן כְּמֵי נָהָר.
הֲדוֹךְ קָמַי (חַי) אֵל קַנָּא, בְּמוֹג לֵבָב וּבִמְגִנָּה,
וְנַרְחִיב פֶּה וּנְמַלְאֶנָּה, לְשׁוֹנֵנוּ לְךָ רִנָּה.
דְּעֵה חָכְמָה לְנַפְשֶׁךָ, וְהִיא כֶתֶר לְרֹאשֶׁךָ,
נְצוֹר מִצְוַת קְדוֹשֶׁךָ, שְׁמוֹר שַׁבַּת קָדְשֶׁךָ.

ידיד נפש

יְדִיד נֶפֶשׁ אָב הָרַחֲמָן, מְשׁוֹךְ עַבְדְּךָ אֶל רְצוֹנֶךָ,
יָרוּץ עַבְדְּךָ כְּמוֹ אַיָּל, יִשְׁתַּחֲוֶה מוּל הֲדָרֶךָ,
יֶעֱרַב לוֹ יְדִידוּתֶיךָ, מִנֹּפֶת צוּף וְכָל טָעַם.
הָדוּר נָאֶה זִיו הָעוֹלָם, נַפְשִׁי חוֹלַת אַהֲבָתֶךָ,
אָנָּא אֵל נָא רְפָא נָא לָהּ, בְּהַרְאוֹת לָהּ נֹעַם זִיוֶךָ,
אָז תִּתְחַזֵּק וְתִתְרַפֵּא, וְהָיְתָה לָהּ שִׂמְחַת עוֹלָם.
וָתִיק יֶהֱמוּ נָא רַחֲמֶיךָ, וְחוּסָה נָּא עַל בֵּן אֲהוּבֶךָ,
כִּי זֶה כַּמָּה נִכְסוֹף נִכְסַפְתִּי, לִרְאוֹת בְּתִפְאֶרֶת עֻזֶּךָ,
אֵלֶּה חָמְדָה לִבִּי, וְחוּסָה נָּא וְאַל תִּתְעַלָּם.
הִגָּלֶה נָא וּפְרוֹס חֲבִיבִי, עָלַי אֶת סֻכַּת שְׁלוֹמֶךָ,
תָּאִיר אֶרֶץ מִכְּבוֹדֶךָ, נָגִילָה וְנִשְׂמְחָה בָּךְ,
מַהֵר אֱהֹב כִּי בָא מוֹעֵד, וְחָנֵּנוּ כִּימֵי עוֹלָם.

קידוש שחרית

מִזְמוֹר לְדָוִד. יְהוָה רֹעִי לֹא אֶחְסָר: בִּנְאוֹת דֶּשֶׁא יַרְבִּיצֵנִי. עַל מֵי מְנֻחוֹת יְנַהֲלֵנִי: נַפְשִׁי יְשׁוֹבֵב. יַנְחֵנִי בְמַעְגְּלֵי צֶדֶק לְמַעַן שְׁמוֹ: גַּם כִּי אֵלֵךְ בְּגֵיא צַלְמָוֶת לֹא אִירָא רָע כִּי אַתָּה עִמָּדִי. שִׁבְטְךָ וּמִשְׁעַנְתֶּךָ הֵמָּה יְנַחֲמֻנִי: תַּעֲרֹךְ לְפָנַי שֻׁלְחָן נֶגֶד צֹרְרָי. דִּשַּׁנְתָּ בַשֶּׁמֶן רֹאשִׁי כּוֹסִי רְוָיָה: אַךְ טוֹב וָחֶסֶד יִרְדְּפוּנִי כָּל יְמֵי חַיָּי. וְשַׁבְתִּי בְּבֵית יְהוָה לְאֹרֶךְ יָמִים:

אִם תָּשִׁיב מִשַּׁבָּת רַגְלֶךָ. עֲשׂוֹת חֲפָצֶךָ בְּיוֹם קָדְשִׁי. וְקָרָאתָ לַשַּׁבָּת עֹנֶג לִקְדוֹשׁ יְהוָה מְכֻבָּד. וְכִבַּדְתּוֹ מֵעֲשׂוֹת דְּרָכֶיךָ. מִמְּצוֹא חֶפְצְךָ וְדַבֵּר דָּבָר: אָז תִּתְעַנַּג עַל יְהוָה וְהִרְכַּבְתִּיךָ עַל בָּמֳתֵי אָרֶץ. וְהַאֲכַלְתִּיךָ נַחֲלַת יַעֲקֹב אָבִיךָ כִּי פִּי יְהוָה דִּבֵּר:

וְשָׁמְרוּ בְנֵי יִשְׂרָאֵל אֶת הַשַּׁבָּת. לַעֲשׂוֹת אֶת הַשַּׁבָּת לְדֹרֹתָם בְּרִית עוֹלָם: בֵּינִי וּבֵין בְּנֵי יִשְׂרָאֵל אוֹת הִיא לְעֹלָם. כִּי שֵׁשֶׁת יָמִים עָשָׂה יְהוָה אֶת הַשָּׁמַיִם וְאֶת הָאָרֶץ. וּבַיּוֹם הַשְּׁבִיעִי שָׁבַת וַיִּנָּפַשׁ:

אשכנזי זָכוֹר אֶת יוֹם הַשַּׁבָּת לְקַדְּשׁוֹ:
שֵׁשֶׁת יָמִים תַּעֲבֹד וְעָשִׂיתָ כָּל מְלַאכְתֶּךָ: וְיוֹם הַשְּׁבִיעִי שַׁבָּת לַיהוָה אֱלֹהֶיךָ לֹא תַעֲשֶׂה כָל מְלָאכָה אַתָּה וּבִנְךָ וּבִתֶּךָ וַאֲמָתְךָ וּבְהֶמְתֶּךָ וְגֵרְךָ אֲשֶׁר בִּשְׁעָרֶיךָ: כִּי שֵׁשֶׁת יָמִים עָשָׂה יְהוָה אֶת־הַשָּׁמַיִם וְאֶת־הָאָרֶץ אֶת־הַיָּם וְאֶת כָּל אֲשֶׁר בָּם וַיָּנַח בַּיּוֹם הַשְּׁבִיעִי
עַל כֵּן בֵּרַךְ יְהוָה אֶת יוֹם הַשַּׁבָּת וַיְקַדְּשֵׁהוּ:

ספרדי סָבְרֵי מָרָנָן ועונים: לְחַיִּים | אשכנזי סָבְרֵי מָרָנָן וְרַבָּנָן וְרַבּוֹתַי

בָּרוּךְ אַתָּה יְהוָה, אֱלֹהֵינוּ מֶלֶךְ הָעוֹלָם, בּוֹרֵא פְּרִי ספרדי **הַגֶּפֶן** אשכנזי **הַגָּפֶן.** ועונים **אָמֵן.**

ואחר כך ייטול ידיו ויברך על "נטילת ידיים" ו"המוציא לחם מן הארץ"

ממול: כתר תורה מכסף וזהב, פולין, 1726,
אוסף שטיגליץ, מוזיאון ישראל, ירושלים

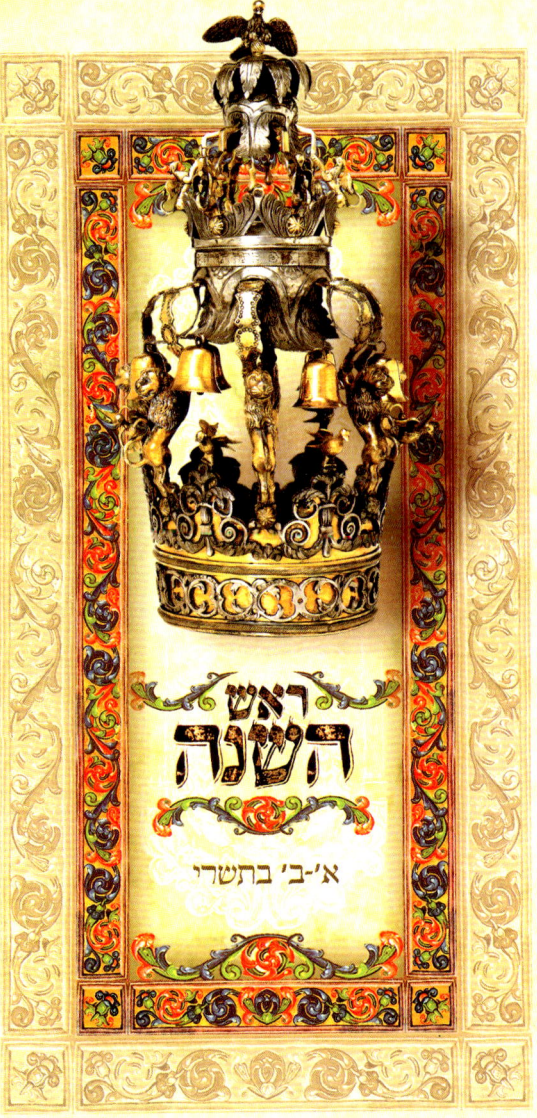

ראש השנה

א׳-ב׳ בתשרי

וּבַחֹדֶשׁ הַשְּׁבִיעִי בְּאֶחָד
לַחֹדֶשׁ מִקְרָא־קֹדֶשׁ יִהְיֶה
לָכֶם כָּל־מְלֶאכֶת עֲבֹדָה
לֹא תַעֲשׂוּ יוֹם תְּרוּעָה
יִהְיֶה לָכֶם:

במדבר כט, א

מהו ראש השנה ולפי מה נקבע מועדו?

לפי המסורת, בראש השנה השלים הקב"ה את כל מעשי בראשית. מפני שביום זה החלה להתגדל מלכות ה' בעולם שברא, ומפני שביום זה עמד אדם הראשון בדין על חטאו ונמחל לו, לפיכך נקבע יום זה גם כיום דין לכל באי עולם, על כל מעשיהם ועל כל קורותיהם ומעשיהם בשנה הבאה. יום הדין הראשון הוא ראש השנה אף שיום חג הוא, ועשרת ימי תשובה מתחילים בראש השנה ומסתיימים ביום הכיפורים.

מהו טעם תקיעת שופר בראש השנה?

לפני תפילת מוסף ובמהלכה תוקעים בשופר, באופנים שונים: "תקיעה" - אחת ארוכה וממושכת; "שברים" - רצף של שלוש תקיעות קצרות; ו"תרועה" - רצף של שבע תקיעות מהירות. נצטווינו בתורה: "ובחודש השביעי באחד לחודש [...] יום תרועה יהיה לכם". וכתב על כך הרמב"ם בהלכות תשובה: "אף על פי שתקיעת שופר בראש השנה גזירת הכתוב, רמז יש בו, כלומר עורו עורו ישנים משנתכם והקיצו נרדמים מתרדמתכם וחפשו במעשיכם וחזרו בתשובה וזכרו בוראכם, אלו השוכחים את האמת בהבלי הזמן ושוגים כל שנתם בהבל וריב אשר לא יועיל ולא יציל, הביטו לנפשותיכם והיטיבו דרככם ומעלליכם ויעזוב כל אחד מכם דרכי הרעה ומחשבתו אשר לא טובה". טעמים נוספים יש למצווה זו, ומהם: "מעין 'תרועת חצוצרות' שעושים המלכים להודיע ולהשמיע תחילת מלכותם - כך אנו עושים להמליך הבורא עלינו. תקיעת השופר מזכירה לנו את מעמד הר סיני, את דברי הנביאים, את חורבן בית המקדש, את עקידת יצחק ועוד" (רב סעדיה גאון).

מהו מקור אכילת ה"סימנים" בראש השנה?

אמרו חז"ל: "סימנא מילתא היא" (הסימן דבר הוא). לפיכך נהגו לעשות בראש השנה סימנים המראים לטובה, שנזכה בדין ושתתחדש עלינו שנה טובה. טובלים פרוסת "המוציא" ולאחר מכן תפוח מתוק בדבש, ואומרים "יהי רצון שתתחדש עלינו שנה טובה ומתוקה". כמו כן אוכלים מיני מאכלים שבשמותיהם או בצורתם יש רמז לטובה, ובשעת אכילתם אומרים על כל מין "יהי רצון", מעניין הרמז שיש בו. יש לציין שהכלל האמור תקף אף בכיוון השלילי - דהיינו, יש להימנע ממאכלים חמוצים ומפעולות בעלות משמעות שלילית.

מהו מנהג התשליך?

נהוג ללכת ביום הראשון של ראש השנה, אחר הצהריים, לשפת הים או לנהר או למקור מים אחר ולהתפלל שם תפילה מיוחדת ששמה "תשליך". תפילה זו היא בקשה מאת הקב"ה להשלכת העבירות אל מצולות ים, על פי הפסוק "ותשליך במצולות הים כל חטאותם" (מיכה ז, יט). נהוג לנער את כיסי הבגדים, כסמל לניעור העבירות והחטאים.

קידוש ליל ראש השנה
(א' וב')

ימלא את הכוס ביין, יעמוד, ייטול הכוס ביד ימין, יגביהנו מעל השולחן ויאמר:

כשחל בשבת מתחילים כאן:

אשכנזי (בלחש) וַיְהִי עֶרֶב וַיְהִי בֹקֶר

יוֹם הַשִּׁשִּׁי: וַיְכֻלּוּ הַשָּׁמַיִם וְהָאָרֶץ וְכָל צְבָאָם: וַיְכַל אֱלֹהִים בַּיּוֹם הַשְּׁבִיעִי מְלַאכְתּוֹ אֲשֶׁר עָשָׂה. וַיִּשְׁבֹּת בַּיּוֹם הַשְּׁבִיעִי מִכָּל מְלַאכְתּוֹ אֲשֶׁר עָשָׂה: וַיְבָרֶךְ אֱלֹהִים אֶת יוֹם הַשְּׁבִיעִי וַיְקַדֵּשׁ אֹתוֹ. כִּי בוֹ שָׁבַת מִכָּל מְלַאכְתּוֹ אֲשֶׁר בָּרָא אֱלֹהִים לַעֲשׂוֹת:

כשחל בחול מתחילים כאן:

ספרדי וּבְיוֹם שִׂמְחַתְכֶם וּבְמוֹעֲדֵיכֶם וּבְרָאשֵׁי חָדְשֵׁכֶם וּתְקַעְתֶּם בַּחֲצֹצְרֹת עַל עֹלֹתֵיכֶם וְעַל זִבְחֵי שַׁלְמֵיכֶם וְהָיוּ לָכֶם לְזִכָּרוֹן לִפְנֵי אֱלֹהֵיכֶם אֲנִי יְהֹוָה אֱלֹהֵיכֶם:

סָבְרֵי מָרָנָן. ועונים לְחַיִּים

אשכנזי סַבְרֵי מָרָנָן וְרַבָּנָן וְרַבּוֹתַי

בָּרוּךְ אַתָּה יְהֹוָה, אֱלֹהֵינוּ מֶלֶךְ הָעוֹלָם, בּוֹרֵא פְּרִי ספרדי הַגֶּפֶן אשכנזי הַגָּפֶן. ועונים אָמֵן.

בָּרוּךְ אַתָּה יְהוָה, אֱלֹהֵינוּ מֶלֶךְ
הָעוֹלָם, אֲשֶׁר בָּחַר בָּנוּ מִכָּל־עָם,
וְרוֹמְמָנוּ מִכָּל־לָשׁוֹן, וְקִדְּשָׁנוּ בְּמִצְוֹתָיו, וַתִּתֶּן לָנוּ
יְהוָה אֱלֹהֵינוּ בְּאַהֲבָה, אֶת יוֹם (בשבת הַשַּׁבָּת הַזֶּה,
וְאֶת יוֹם) הַזִּכָּרוֹן הַזֶּה, ספרדי אֶת יוֹם טוֹב מִקְרָא
קֹדֶשׁ הַזֶּה. יוֹם (בשבת זִכְרוֹן) תְּרוּעָה (בשבת בְּאַהֲבָה)
מִקְרָא קֹדֶשׁ זֵכֶר לִיצִיאַת מִצְרָיִם.
אשכנזי כִּי בָנוּ בָחַרְתָּ וְאוֹתָנוּ קִדַּשְׁתָּ מִכָּל הָעַמִּים
וּדְבָרְךָ ספרדי מַלְכֵּנוּ אֱמֶת וְקַיָּם לָעַד.
בָּרוּךְ אַתָּה יְהוָה, מֶלֶךְ עַל כָּל הָאָרֶץ, מְקַדֵּשׁ
(בשבת הַשַּׁבָּת וְ) יִשְׂרָאֵל וְיוֹם הַזִּכָּרוֹן. ועונים אָמֵן.

ביום טוב שחל במוצאי שבת מוסיפים
שתי ברכות אלו קודם ברכת "שהחיינו":

בָּרוּךְ אַתָּה יְהוָה, אֱלֹהֵינוּ מֶלֶךְ הָעוֹלָם,
בּוֹרֵא מְאוֹרֵי הָאֵשׁ. ועונים אָמֵן.
בָּרוּךְ אַתָּה יְהוָה, אֱלֹהֵינוּ מֶלֶךְ הָעוֹלָם, הַמַּבְדִּיל
בֵּין קֹדֶשׁ לְחֹל, בֵּין אוֹר לְחֹשֶׁךְ, בֵּין יִשְׂרָאֵל לָעַמִּים,
בֵּין יוֹם הַשְּׁבִיעִי לְשֵׁשֶׁת יְמֵי הַמַּעֲשֶׂה. בֵּין קְדֻשַּׁת שַׁבָּת
לִקְדֻשַּׁת יוֹם טוֹב הִבְדַּלְתָּ, וְאֶת יוֹם הַשְּׁבִיעִי מִשֵּׁשֶׁת
יְמֵי הַמַּעֲשֶׂה קִדַּשְׁתָּ. הִבְדַּלְתָּ וְקִדַּשְׁתָּ אֶת
עַמְּךָ יִשְׂרָאֵל בִּקְדֻשָּׁתֶךָ. בָּרוּךְ אַתָּה יְהוָה, הַמַּבְדִּיל
בֵּין קֹדֶשׁ לְקֹדֶשׁ. ועונים אָמֵן.

בָּרוּךְ אַתָּה יְהוָה, אֱלֹהֵינוּ מֶלֶךְ הָעוֹלָם,
שֶׁהֶחֱיָנוּ וְקִיְּמָנוּ, וְהִגִּיעָנוּ לַזְּמַן הַזֶּה.

יטעם מהכוס ויחלק לכל המסובין

ייטול ידיו ויברך:

בָּרוּךְ אַתָּה יְהֹוָה, אֱלֹהֵינוּ מֶלֶךְ הָעוֹלָם,
אֲשֶׁר קִדְּשָׁנוּ בְּמִצְוֹתָיו וְצִוָּנוּ עַל נְטִילַת יָדָיִם:

מברכים על שתי חלות

בָּרוּךְ אַתָּה יְהֹוָה, אֱלֹהֵינוּ מֶלֶךְ הָעוֹלָם,
הַמּוֹצִיא לֶחֶם מִן הָאָרֶץ:

יבצע, יטבול בדבש או בסוכר (לפי המנהג), יטעם ואחר-כך
ייתן לכל המסובין לחם בדבש, לפחות כזית לכל אחד

ברכות ה"סימנים"

קודם סעודת החג נהוג לברך
ולטעום מאכלים המסמלים ברכה והצלחה לשנה החדשה:

ייקח תמר ויאמר:

בָּרוּךְ אַתָּה יְהֹוָה, אֱלֹהֵינוּ מֶלֶךְ הָעוֹלָם,
בּוֹרֵא פְּרִי הָעֵץ.

יטעם מעט ויאמר:

יְהִי רָצוֹן מִלְּפָנֶיךָ (יְהֹוָה אֱלֹהֵינוּ וֵאלֹהֵי
אֲבוֹתֵינוּ,) שֶׁיִּתַּמּוּ ספרדי: אוֹיְבֵינוּ וְשׂוֹנְאֵינוּ:
וְכָל מְבַקְשֵׁי רָעָתֵנוּ.

ייקח סלקא (עלי סלק) ויאמר:

יְהִי רָצוֹן מִלְּפָנֶיךָ (יְהֹוָה אֱלֹהֵינוּ וֵאלֹהֵי
אֲבוֹתֵינוּ,) שֶׁיִּסְתַּלְּקוּ אוֹיְבֵינוּ ספרדי: וְשׂוֹנְאֵינוּ,
וְכָל מְבַקְשֵׁי רָעָתֵנוּ.

ייקח כרתי ויאמר:

יְהִי רָצוֹן מִלְּפָנֶיךָ (יְהֹוָה אֱלֹהֵינוּ וֵאלֹהֵי אֲבוֹתֵינוּ),
שֶׁיִּכָּרְתוּ ספרדי אוֹיְבֵינוּ וְשׂוֹנְאֵינוּ, וְכָל-מְבַקְשֵׁי רָעָתֵנוּ.

ייקח קרא (מעין דלעת) ויאמר:

יְהִי רָצוֹן מִלְּפָנֶיךָ (יְהֹוָה אֱלֹהֵינוּ וֵאלֹהֵי אֲבוֹתֵינוּ),
שֶׁיִּקָּרַע רוֹעַ גְּזַר דִּינֵנוּ וְיִקָּרְאוּ לְפָנֶיךָ זְכֻיּוֹתֵינוּ.

ייקח לוביא (רוביא) ויאמר:

יְהִי רָצוֹן מִלְּפָנֶיךָ (יְהֹוָה אֱלֹהֵינוּ וֵאלֹהֵי אֲבוֹתֵינוּ),
שֶׁיִּרְבּוּ זְכֻיּוֹתֵינוּ ספרדי וּתְלַבְּבֵנוּ.

ייקח ראש (דג או כבש) ויאמר:

יְהִי רָצוֹן מִלְּפָנֶיךָ (יְהֹוָה אֱלֹהֵינוּ וֵאלֹהֵי אֲבוֹתֵינוּ),
שֶׁנִּהְיֶה לְרֹאשׁ וְלֹא לְזָנָב, ספרדי וְתִזְכֹּר לָנוּ עֲקֵדָתוֹ וְאֵילוֹ
שֶׁל יִצְחָק אָבִינוּ, בֶּן אַבְרָהָם אָבִינוּ עֲלֵיהֶם הַשָּׁלוֹם.

ייקח תפוח בדבש ויאמר:

יְהִי רָצוֹן מִלְּפָנֶיךָ (יְהֹוָה אֱלֹהֵינוּ וֵאלֹהֵי אֲבוֹתֵינוּ),
שֶׁתְּחַדֵּשׁ עָלֵינוּ שָׁנָה טוֹבָה וּמְתוּקָה.

בליל ב׳ ייקח רימון ויאמר:

יְהִי רָצוֹן מִלְּפָנֶיךָ (יְהֹוָה אֱלֹהֵינוּ וֵאלֹהֵי אֲבוֹתֵינוּ),
אשכנזי שֶׁתַּרְבֶּה זְכֻיּוֹתֵינוּ ספרדי שֶׁנִּהְיֶה מְלֵאִים
מִצְוֹת כְּרִמּוֹן.

🌹 קידוש שחרית 🌹

אם חל בשבת מתחילים כאן:

מִזְמוֹר לְדָוִד. יְהֹוָה רֹעִי לֹא אֶחְסָר:
בִּנְאוֹת דֶּשֶׁא יַרְבִּיצֵנִי. עַל מֵי מְנֻחוֹת יְנַהֲלֵנִי:
נַפְשִׁי יְשׁוֹבֵב. יַנְחֵנִי בְמַעְגְּלֵי צֶדֶק לְמַעַן
שְׁמוֹ: גַּם כִּי אֵלֵךְ בְּגֵיא צַלְמָוֶת לֹא אִירָא
רָע כִּי אַתָּה עִמָּדִי. שִׁבְטְךָ וּמִשְׁעַנְתֶּךָ
הֵמָּה יְנַחֲמֻנִי: תַּעֲרֹךְ לְפָנַי שֻׁלְחָן נֶגֶד
צֹרְרָי. דִּשַּׁנְתָּ בַשֶּׁמֶן רֹאשִׁי כּוֹסִי רְוָיָה:
אַךְ טוֹב וָחֶסֶד יִרְדְּפוּנִי כָּל יְמֵי חַיָּי.
וְשַׁבְתִּי בְּבֵית יְהֹוָה לְאֹרֶךְ יָמִים:

אִם תָּשִׁיב מִשַּׁבָּת רַגְלֶךָ. עֲשׂוֹת חֲפָצֶךָ
בְּיוֹם קָדְשִׁי. וְקָרָאתָ לַשַּׁבָּת עֹנֶג לִקְדוֹשׁ
יְהֹוָה מְכֻבָּד. וְכִבַּדְתּוֹ מֵעֲשׂוֹת דְּרָכֶיךָ.
מִמְּצוֹא חֶפְצְךָ וְדַבֵּר דָּבָר: אָז תִּתְעַנַּג
עַל יְהֹוָה וְהִרְכַּבְתִּיךָ עַל בָּמֳתֵי אָרֶץ.
וְהַאֲכַלְתִּיךָ נַחֲלַת יַעֲקֹב אָבִיךָ כִּי פִּי
יְהֹוָה דִּבֵּר:

וְשָׁמְרוּ בְנֵי יִשְׂרָאֵל אֶת הַשַּׁבָּת. לַעֲשׂוֹת אֶת הַשַּׁבָּת לְדֹרֹתָם בְּרִית עוֹלָם: בֵּינִי וּבֵין בְּנֵי יִשְׂרָאֵל אוֹת הִיא לְעוֹלָם. כִּי שֵׁשֶׁת יָמִים עָשָׂה יְהֹוָה אֶת הַשָּׁמַיִם וְאֶת הָאָרֶץ. וּבַיּוֹם הַשְּׁבִיעִי שָׁבַת וַיִּנָּפַשׁ:

אשכנזי זָכוֹר אֶת יוֹם הַשַּׁבָּת לְקַדְּשׁוֹ: שֵׁשֶׁת יָמִים תַּעֲבֹד וְעָשִׂיתָ כָּל מְלַאכְתֶּךָ: וְיוֹם הַשְּׁבִיעִי שַׁבָּת לַיהֹוָה אֱלֹהֶיךָ לֹא תַעֲשֶׂה כָל מְלָאכָה אַתָּה וּבִנְךָ וּבִתֶּךָ וַאֲמָתְךָ וּבְהֶמְתֶּךָ וְגֵרְךָ אֲשֶׁר בִּשְׁעָרֶיךָ: כִּי שֵׁשֶׁת יָמִים עָשָׂה יְהֹוָה אֶת־הַשָּׁמַיִם וְאֶת־הָאָרֶץ אֶת־הַיָּם וְאֶת כָּל אֲשֶׁר בָּם וַיָּנַח בַּיּוֹם הַשְּׁבִיעִי עַל כֵּן בֵּרַךְ יְהֹוָה אֶת יוֹם הַשַּׁבָּת וַיְקַדְּשֵׁהוּ:

אם חל בחול מתחילים מכאן:

ספרדי וּבְיוֹם שִׂמְחַתְכֶם וּבְמוֹעֲדֵיכֶם וּבְרָאשֵׁי חָדְשֵׁכֶם וּתְקַעְתֶּם בַּחֲצֹצְרֹת עַל עֹלֹתֵיכֶם וְעַל זִבְחֵי שַׁלְמֵיכֶם. וְהָיוּ לָכֶם לְזִכָּרוֹן לִפְנֵי אֱלֹהֵיכֶם אֲנִי יְהֹוָה אֱלֹהֵיכֶם:

אשכנזי אֵלֶּה מוֹעֲדֵי יְיָ מִקְרָאֵי קֹדֶשׁ אֲשֶׁר תִּקְרְאוּ אֹתָם בְּמוֹעֲדָם: וַיְדַבֵּר מֹשֶׁה אֶת מֹעֲדֵי יְיָ אֶל בְּנֵי יִשְׂרָאֵל: תִּקְעוּ בַחֹדֶשׁ שׁוֹפָר בַּכֶּסֶה לְיוֹם חַגֵּנוּ: כִּי חֹק לְיִשְׂרָאֵל הוּא לֵאלֹהֵי יַעֲקֹב:

ספרדי סָבְרֵי מָרָנָן ועונים לְחַיִּים | אשכנזי סַבְרֵי מָרָנָן וְרַבָּנָן וְרַבּוֹתַי

בָּרוּךְ אַתָּה יְהֹוָה, אֱלֹהֵינוּ מֶלֶךְ הָעוֹלָם, בּוֹרֵא פְּרִי ספרדי הַגֶּפֶן אשכנזי הַגָּפֶן. ועונים אָמֵן.

ואחר כך ייטול ידיו ויברך על "נטילת ידיים" ו"המוציא לחם מן הארץ"

ממול: פמוטים עם תבליטי כסף, רוסיה, 1872, אוסף משפחת
לובה באום, מוזיאון היודאיקה של בית האבות היהודי בריוורדייל,
ברונקס, ניו-יורק
שופר, אוסף המוזיאון של בית הקברות היהודי העתיק, פראג

יום
הכיפורים

י׳ בתשרי

וְהָיְתָה לָכֶם לְחֻקַּת עוֹלָם בַּחֹדֶשׁ הַשְּׁבִיעִי בֶּעָשׂוֹר לַחֹדֶשׁ
תְּעַנּוּ אֶת־נַפְשֹׁתֵיכֶם וְכָל־מְלָאכָה לֹא תַעֲשׂוּ הָאֶזְרָח וְהַגֵּר
הַגָּר בְּתוֹכְכֶם׃ כִּי־בַיּוֹם הַזֶּה יְכַפֵּר עֲלֵיכֶם לְטַהֵר אֶתְכֶם
מִכֹּל חַטֹּאתֵיכֶם לִפְנֵי יְהוָה תִּטְהָרוּ׃ שַׁבַּת שַׁבָּתוֹן הִיא לָכֶם
וְעִנִּיתֶם אֶת־נַפְשֹׁתֵיכֶם חֻקַּת עוֹלָם׃

ויקרא טז, כט-לא

מדוע נקבע יום הכיפורים בעשרה בתשרי?

בראש חודש אלול עלה משה רבנו להר סיני לקבל לוחות שניים (זוג לוחות הברית השני), ושהה שם ארבעים יום וארבעים לילה עד י' בתשרי, שאז התבשר על-ידי הקב"ה שנסלח לישראל עוון העגל ובו-ביום ירד מההר והלוחות בידו. מאז נקבעו ימים אלו כימי רצון, ויום הסליחה נקבע לדורות. ביום זה "נחתם" הדין של ראש השנה, בהתאם למעשי האדם ותשובתו ותיקון קלקוליו.

מה חשיבותו של יום הכיפורים?

יום הכיפורים נחשב ליום הקדוש ביותר בשנה, יום של חשבון נפש ובקשת סליחות וכפרת עוונות. היות שאין כפרה וסליחה בלא תשובה, יום זה הוא גם סמל לתשובה ותיקון דרך - של הפרט, של החברה ושל העם. מחז"ל אנו למדים שהאל אינו סולח על עבירות שבין אדם לחברו, ועל כן נהוג לבקש סליחה איש מרעהו לקראת יום הכיפורים. ביום זה שובתים מכל מלאכה, אף ממלאכות המותרות ביום טוב, ונמנעים מאכילה ושתייה ומתענוגות הגוף, כדי שהדעת והלב יהיו פנויים לקדושת היום, באשר הנאות הגוף מושכות את האדם אל החומר ואל התאווה והחטא, ואין ראוי לעבד לבוא ביום הדין לפני אדונו כאשר נפשו מעורבת במחשבות החומר מחמת אכילה ושתייה, אלא כשהוא זך ונקי כמלאכים. כשהיה בית המקדש קיים נסבו הלכות יום הכיפורים ברובן על העבודה בבית המקדש. במקרא הוא מוצג כיום שבו מטהרים את המקדש מטומאות בני ישראל, וכפרה זו "מנקה" גם אותם ומאפשרת את שכינת האלוהים בקרבם, שהרי העם, מטבע הדברים, מועד לחטוא.

מהי התרת הנדרים ומהי תפילת "כל נדרי"?

קודם שקיעת החמה, בכניסת היום הקדוש, עומד שליח הציבור לפני ארון הקודש הפתוח כששניים מחשובי הקהל עומדים לצדו, מימינו ומשמאלו, וספרי תורה בידם. לאחר שהכריזו "אנו מתירים להתפלל עם העבריינים", פותחים באמירת "כל נדרי". נוסח זה מכוון להתרת נדרים שינדור הקהל בשנה הבאה, כדי שלא יהיה על אדם עוון נדרים ביום הכיפורים הבא. יש לציין שהתרת נדרים זו לא יעילה לכל דבר ועניין, ובכל מקרה רצוי להיוועץ ברב. על פי תורת הסוד יש בה מעין התרת נדרים גם כלפי מעלה, וזו כפי הנראה הסיבה להתרגשות הרבה בזמן אמירתה.

נהוג לאכול לפני הצום "סעודה מפסקת",
לפני כניסת יום הכיפורים

הדלקת נרות

כשחל בחול:

בָּרוּךְ אַתָּה יְהֹוָה, אֱלֹהֵינוּ מֶלֶךְ
הָעוֹלָם, אֲשֶׁר קִדְּשָׁנוּ בְּמִצְוֹתָיו,
וְצִוָּנוּ לְהַדְלִיק נֵר שֶׁל יוֹם
הַכִּפּוּרִים.

כשחל בשבת:

בָּרוּךְ אַתָּה יְהֹוָה,
אֱלֹהֵינוּ מֶלֶךְ הָעוֹלָם,
אֲשֶׁר קִדְּשָׁנוּ בְּמִצְוֹתָיו,
וְצִוָּנוּ לְהַדְלִיק נֵר שֶׁל
שַׁבָּת וְשֶׁל יוֹם הַכִּפּוּרִים.

בָּרוּךְ אַתָּה יְיָ, אֱלֹהֵינוּ מֶלֶךְ
הָעוֹלָם, שֶׁהֶחֱיָנוּ וְקִיְּמָנוּ
וְהִגִּיעָנוּ לַזְּמַן הַזֶּה.

מנהג לברך את הבנים בערב יום הכיפורים, קודם שנכנסים לבית הכנסת, שאז כבר חלה קדושת היום, ושערי רחמים פתוחים

ברכת הבנים

יְשִׂמְךָ אֱלֹהִים כְּאֶפְרַיִם וְכִמְנַשֶּׁה.
יְבָרֶכְךָ יְהוָה וְיִשְׁמְרֶךָ: יָאֵר יְהוָה פָּנָיו אֵלֶיךָ וִיחֻנֶּךָּ: יִשָּׂא יְהוָה פָּנָיו אֵלֶיךָ וְיָשֵׂם לְךָ שָׁלוֹם:
יְהִי רָצוֹן מִלִּפְנֵי אָבִינוּ שֶׁבַּשָּׁמַיִם, שֶׁיִּתֵּן בְּלִבְּךָ אַהֲבָתוֹ וְיִרְאָתוֹ. וְתִהְיֶה יִרְאַת הַשֵּׁם עַל פָּנֶיךָ כָּל יְמֵי חַיֶּיךָ שֶׁלֹּא תֶחֱטָא. וִיהִי חֶשְׁקְךָ בַּתּוֹרָה וּבַמִּצְוֹות, עֵינֶיךָ לְנֹכַח יַבִּיטוּ, פִּיךָ יְדַבֵּר חָכְמוֹת וְלִבְּךָ יֶהְגֶּה אֵימוֹת. יָדֶיךָ יִהְיוּ עוֹסְקוֹת בְּמִצְוֹות, רַגְלֶיךָ יָרוּצוּ לַעֲשׂוֹת רְצוֹן אָבִיךָ שֶׁבַּשָּׁמַיִם. וְיִתֵּן לְךָ בָּנִים וּבָנוֹת צַדִּיקִים וְצַדִּיקוֹת עוֹסְקִים בַּתּוֹרָה וּבַמִּצְוֹות כָּל יְמֵיהֶם. וִיהִי מְקוֹרְךָ בָּרוּךְ. וְיַזְמִין לְךָ פַּרְנָסָתְךָ בְּהֶתֵּר בְּנַחַת וּבְרֶוַח מִתַּחַת יָדוֹ הָרְחָבָה, וְלֹא עַל יְדֵי מַתְּנוֹת בָּשָׂר וָדָם, פַּרְנָסָה שֶׁתִּהְיֶה פָּנוּי לַעֲבוֹדַת הַשֵּׁם. וְתִכָּתֵב וְתֵחָתֵם לְחַיִּים טוֹבִים וַאֲרֻכִּים בְּתוֹךְ כָּל צַדִּיקֵי יִשְׂרָאֵל, אָמֵן:

ברכת הבנות

יְשִׂימֵךְ אֱלֹהִים כְּשָׂרָה רִבְקָה רָחֵל וְלֵאָה.
יְבָרֶכְךָ יְהוָֹה וְיִשְׁמְרֶךָ: יָאֵר יְהוָֹה פָּנָיו אֵלֶיךָ
וִיחֻנֶּךָּ: יִשָּׂא יְהוָֹה פָּנָיו אֵלֶיךָ וְיָשֵׂם לְךָ שָׁלוֹם:
יְהִי רָצוֹן מִלִּפְנֵי אָבִינוּ שֶׁבַּשָּׁמַיִם, שֶׁיִּתֵּן
בְּלִבֵּךְ אַהֲבָתוֹ וְיִרְאָתוֹ, וְתִהְיֶה יִרְאַת הַשֵּׁם
עַל פָּנַיִךְ כָּל יְמֵי חַיַּיִךְ שֶׁלֹּא תֶחֱטְאִי. וִיהִי
חֶשְׁקֵךְ בַּתּוֹרָה וּבַמִּצְוֹות, עֵינַיִךְ לְנֹכַח יַבִּיטוּ,
פִּיךְ יְדַבֵּר חָכְמוֹת וְלִבֵּךְ יֶהְגֶּה אֵימוֹת, יָדַיִךְ
יִהְיוּ עוֹסְקוֹת בַּמִּצְווֹת, רַגְלַיִךְ יָרוּצוּ לַעֲשׂוֹת
רְצוֹן אָבִיךְ שֶׁבַּשָּׁמַיִם, וְיִתֶּן לָךְ בָּנִים וּבָנוֹת
צַדִּיקִים וְצַדִּיקוֹת עוֹסְקִים בַּתּוֹרָה וּבַמִּצְווֹת
כָּל יְמֵיהֶם, וִיהִי מְקוֹרֵךְ בָּרוּךְ, וְיַזְמִין לָךְ
פַּרְנָסָתֵךְ בְּהֶתֵּר בְּנַחַת וּבְרֶוַח מִתַּחַת יָדוֹ
הָרְחָבָה, וְלֹא עַל יְדֵי מַתְּנוֹת בָּשָׂר וָדָם,
פַּרְנָסָה שֶׁתִּהְיִי פְּנוּיָה לַעֲבוֹדַת הַשֵּׁם, וְתִכָּתְבִי
וְתֵחָתְמִי לְחַיִּים טוֹבִים וַאֲרֻכִּים בְּתוֹךְ כָּל
צַדִּיקֵי יִשְׂרָאֵל, אָמֵן:

סדר הבדלה

במוצאי יום הכיפורים יש להדליק את נר ההבדלה (רצוי נר קלוע מיוחד להבדלה) מנר שדלק מערב יום כיפור, למלא את כוס ההבדלה, ליטול הכוס ביד ימין ולברך אל מול אור נר ההבדלה:

ספרדי כּוֹס יְשׁוּעוֹת אֶשָּׂא. וּבְשֵׁם יְהֹוָה אֶקְרָא:

סָבְרֵי מָרָנָן ועונים לְחַיִּים

אשכנזי סָבְרֵי מָרָנָן וְרַבָּנָן וְרַבּוֹתַי

בָּרוּךְ אַתָּה יְהֹוָה, אֱלֹהֵינוּ מֶלֶךְ הָעוֹלָם, בּוֹרֵא פְּרִי ספרדי הַגֶּפֶן אשכנזי הַגָּפֶן. ועונים אָמֵן.

רק אם חל במוצ"ש יברך על הבשמים

בָּרוּךְ אַתָּה יְהֹוָה, אֱלֹהֵינוּ מֶלֶךְ הָעוֹלָם, בּוֹרֵא עֲצֵי/מִינֵי/עִשְׂבֵי/בְשָׂמִים.

יברך על הנר: (ובתוך כך יביט בציפורני יד שמאל):

בָּרוּךְ אַתָּה יְהֹוָה, אֱלֹהֵינוּ מֶלֶךְ הָעוֹלָם, בּוֹרֵא מְאוֹרֵי הָאֵשׁ.

בָּרוּךְ אַתָּה יְהֹוָה, אֱלֹהֵינוּ מֶלֶךְ הָעוֹלָם, הַמַּבְדִּיל בֵּין קֹדֶשׁ לְחֹל, בֵּין אוֹר לְחֹשֶׁךְ, בֵּין יִשְׂרָאֵל לָעַמִּים, בֵּין יוֹם הַשְּׁבִיעִי לְשֵׁשֶׁת יְמֵי הַמַּעֲשֶׂה. בָּרוּךְ אַתָּה יְהֹוָה, הַמַּבְדִּיל בֵּין קֹדֶשׁ לְחֹל.

למעלה: פרט מתוך תפילת הושענה לסוכות, מתוך מחזור
רוטשילד, כתב-יד מאויר מצפון איטליה, 1450-80,
אוסף מוזיאון ישראל, ירושלים
ממול: כלי לאתרוג מכסף בצורת ברווז, האימפריה העותמנית,
המאה ה-19, אוסף מוזיאון ישראל, ירושלים

סוכות

ט״ו-כ״א בתשרי

וַיִּמְצְאוּ כָּתוּב בַּתּוֹרָה אֲשֶׁר
צִוָּה יְהוָה בְּיַד־מֹשֶׁה אֲשֶׁר
יֵשְׁבוּ בְנֵי־יִשְׂרָאֵל בַּסֻּכּוֹת
בֶּחָג בַּחֹדֶשׁ הַשְּׁבִיעִי׃

נחמיה ח, יד

מה מסמל חג הסוכות?

בצאת ישראל ממצרים, עם גדול ורב, עזבו בתיהם ועריהם והלכו אחר ה' בארץ לא זרועה, למדבר אשר איננו מקום זרע, ולא שאלו את אלוהיהם איה תביאנו והיכן נמצא מחסה משרב ומקור ומאין יבוא טרפנו ומזוננו. שם במדבר עשה להם ה' סוכות. יש מחכמינו שאומרים סוכות ממש, ויש אומרים שהקיפם בשבעה ענני כבוד: ארבע מארבע רוחותיהם, אחד תחת מרגלותיהם, אחד לצל מעליהם, וענן שביעי לפניהם להנחותם בדרך וליישר להם כל גיא וגבע.

מהו טעם מצוות ארבעת המינים?

חג הסוכות מכונה גם חג האסיף - סיום העונה החקלאית ואיסוף התבואה והפירות. מצוות נטילת ארבעה מינים, שממנו גם מצוות השמחה, ככתוב: "ושמחת בחגך" (דברים טז, יד). רמזים רבים טמונים במצוות ארבעת המינים, ומהם:

א. האתרוג דומה ללב, הלולב לשדרה, עלי ההדס לעיניים ועלי הערבה לשפתיים, להזכירנו לשעבד את כל גופנו ומחשבותינו לעבודת הבורא.

ב. יש בהם רמזים לקב"ה: האתרוג הוא פרי עץ הדר - ועל הקב"ה נאמר "הוד והדר לבשת" (תהלים קד, א); הלולב הוא "כפות תמרים", ועל הקב"ה נאמר "צדיק כתמר יפרח" (תהלים צב, יג); הדס - "והוא עומד בין ההדסים" (זכריה א, ח); ערבה -"סולו לרוכב בערבות" (תהלים סח, ה).

ג. יש בהם רמז לישראל: האתרוג יש בו טעם וריח, כך יש בישראל שיש להם תורה (טעם טוב) ומעשים טובים (ריח טוב); תמרים יש בהם טעם ולא ריח, כך יש בישראל שיש להם תורה ואין להם מעשים טובים; להדסים - ריח ולא טעם, כנגד בעלי מעשים טובים בלא תורה; והערבות חסרות טעם וריח, כך יש שאין בהם לא תורה ולא מצוות. אמר הקב"ה: כולכם תיעשו אגודה אחת ותשפיעו אלה על אלה.

מהם האושפיזין?

כתוב בספר הזוהר הקדוש: ישראל שיוצאים מבתיהם ונכנסים לסוכה לשמו של הקב"ה, זוכים שם ומקבלים פני שכינה, וכל שבעת הרועים הנאמנים יורדים מגן עדן ובאים לסוכה ונעשים להם אושפיזין. פירוש המלה אושפיזין - אורחים. שבעה אורחים-אושפיזין אלה הם: שלושת האבות אברהם, יצחק ויעקב, משה רבנו ואהרון הכהן, יוסף הצדיק ודוד המלך (ויש מקדימים את יוסף למשה ואהרון). בכל יום יושבים הם עם ישראל בסוכותיהם, אלא שבכל יום אחר נכנס בראש. יש נוהגים להעמיד כיסא נאה בסוכה לכבוד האושפיזין, וראוי להזמין לסעודות החג גם אורחים עניים.

שבעה אושפיזין

כל שבעת הלילות אומרים:

ספרדי עוּלוּ אֻשְׁפִּיזִין עִלָּאִין קַדִּישִׁין. עוּלוּ אֲבָהָן עִלָּאִין קַדִּישִׁין לְמֵתַב בְּצִלָּא דִמְהֵימְנוּתָא עִלָּאָה. בְּצִלָּא דְקוּדְשָׁא בְּרִיךְ הוּא:

אשכנזי אֲזַמִּין לִסְעוּדָתִי אוּשְׁפִּיזִין עִילָּאִין אַבְרָהָם יִצְחָק יַעֲקֹב מֹשֶׁה אַהֲרֹן יוֹסֵף וְדָוִד:

ליל א': ספרדי לֵיעוּל אַבְרָהָם רְחִימָא אַבָּא קַדִּישָׁא. וְלֵיעוּל עִמֵּיהּ: יִצְחָק וְיַעֲקֹב, מֹשֶׁה אַהֲרֹן, יוֹסֵף וְדָוִד:

אשכנזי בְּמָטֵי מִינָךְ אַבְרָהָם אוּשְׁפִּיזִי עִילָּאִי דְּיַתְבֵי עִמִּי וְעִמָּךְ כָּל אוּשְׁפִּיזֵי עִילָּאִי יִצְחָק יַעֲקֹב מֹשֶׁה אַהֲרֹן יוֹסֵף וְדָוִד:

ליל ב': ספרדי לֵיעוּל יִצְחָק עֲקִידָא אַבָּא קַדִּישָׁא. וְלֵיעוּל עִמֵּיהּ: אַבְרָהָם וְיַעֲקֹב, מֹשֶׁה אַהֲרֹן, יוֹסֵף וְדָוִד:

אשכנזי בְּמָטֵי מִינָךְ יִצְחָק אוּשְׁפִּיזִי עִילָּאִי דְּיַתְבֵי עִמִּי וְעִמָּךְ כָּל אוּשְׁפִּיזֵי עִילָּאִי אַבְרָהָם יַעֲקֹב מֹשֶׁה אַהֲרֹן יוֹסֵף וְדָוִד:

ליל ג': ספרדי לֵיעוּל יַעֲקֹב שְׁלֵימָא אַבָּא קַדִּישָׁא. וְלֵיעוּל עִמֵּיהּ: אַבְרָהָם יִצְחָק, מֹשֶׁה אַהֲרֹן, יוֹסֵף וְדָוִד:

אשכנזי בְּמָטֵי מִינָךְ יַעֲקֹב אוּשְׁפִּיזִי עִילָּאִי דְּיַתְבֵי עִמִּי וְעִמָּךְ כָּל אוּשְׁפִּיזֵי עִילָּאִי אַבְרָהָם יִצְחָק מֹשֶׁה אַהֲרֹן יוֹסֵף וְדָוִד:

ליל ד': ספרדי לֵיעוּל מֹשֶׁה רַעְיָא מְהֵימְנָא. וְלֵיעוּל עִמֵּיהּ: אַבְרָהָם יִצְחָק וְיַעֲקֹב, אַהֲרֹן, יוֹסֵף וְדָוִד:

אשכנזי בְּמָטֵי מִינָךְ מֹשֶׁה אוּשְׁפִּיזִי עִילָּאִי דְּיַתְבֵי עִמִּי וְעִמָּךְ כָּל אוּשְׁפִּיזֵי עִילָּאִי אַבְרָהָם יִצְחָק יַעֲקֹב אַהֲרֹן יוֹסֵף וְדָוִד:

ליל ה': ספרדי לִיעוּל אַהֲרֹן כַּהֲנָא. וְלִיעוּל עִמֵּיהּ:
אַבְרָהָם יִצְחָק וְיַעֲקֹב, מֹשֶׁה, יוֹסֵף וְדָוִד:
אשכנזי בְּמָטֵי מִינָךְ אַהֲרֹן אוּשְׁפִּיזִי עִילָּאִי דְיָתְבֵי עִמִּי וְעִמָּךְ
כָּל אוּשְׁפִּיזֵי עִילָּאִי אַבְרָהָם יִצְחָק יַעֲקֹב מֹשֶׁה יוֹסֵף וְדָוִד:
ליל ו': ספרדי לִיעוּל יוֹסֵף צַדִּיקָא. וְלִיעוּל עִמֵּיהּ:
אַבְרָהָם יִצְחָק וְיַעֲקֹב, מֹשֶׁה, אַהֲרֹן וְדָוִד:
אשכנזי בְּמָטֵי מִינָךְ יוֹסֵף אוּשְׁפִּיזִי עִילָּאִי דְיָתְבֵי עִמִּי וְעִמָּךְ כָּל
אוּשְׁפִּיזֵי עִילָּאִי אַבְרָהָם יִצְחָק יַעֲקֹב מֹשֶׁה אַהֲרֹן וְדָוִד:
ליל ז': ספרדי לִיעוּל דָּוִד מַלְכָּא מְשִׁיחָא. וְלִיעוּל עִמֵּיהּ:
אַבְרָהָם יִצְחָק וְיַעֲקֹב, מֹשֶׁה אַהֲרֹן וְיוֹסֵף:
אשכנזי בְּמָטֵי מִינָךְ דָּוִד אוּשְׁפִּיזִי עִילָּאִי דְיָתְבֵי עִמִּי וְעִמָּךְ כָּל
אוּשְׁפִּיזֵי עִילָּאִי אַבְרָהָם יִצְחָק יַעֲקֹב מֹשֶׁה אַהֲרֹן וְיוֹסֵף:

ספרדי בַּסֻּכֹּת תֵּשְׁבוּ שִׁבְעַת יָמִים כָּל הָאֶזְרָח
בְּיִשְׂרָאֵל יֵשְׁבוּ בַּסֻּכֹּת: לְמַעַן יֵדְעוּ דֹרֹתֵיכֶם
כִּי בַסֻּכּוֹת הוֹשַׁבְתִּי אֶת בְּנֵי יִשְׂרָאֵל בְּהוֹצִיאִי
אוֹתָם מֵאֶרֶץ מִצְרָיִם אֲנִי יְהוָה אֱלֹהֵיכֶם:
אֵלֶּה מוֹעֲדֵי יְהוָה מִקְרָאֵי קֹדֶשׁ. אֲשֶׁר תִּקְרְאוּ
אֹתָם בְּמוֹעֲדָם: וַיְדַבֵּר מֹשֶׁה אֶת מֹעֲדֵי יְהוָה.
אֶל בְּנֵי יִשְׂרָאֵל:

קידוש

ימלא את הכוס ביין, יעמוד, ייטול הכוס ביד ימין,
יגביהנו מעל השולחן ויאמר:

כשחל בשבת מתחילים כאן:

אשכנזי (בלחש) וַיְהִי עֶרֶב וַיְהִי בֹקֶר:

יוֹם הַשִּׁשִּׁי: וַיְכֻלּוּ הַשָּׁמַיִם וְהָאָרֶץ וְכָל צְבָאָם: וַיְכַל אֱלֹהִים בַּיּוֹם הַשְּׁבִיעִי מְלַאכְתּוֹ אֲשֶׁר עָשָׂה. וַיִּשְׁבֹּת בַּיּוֹם הַשְּׁבִיעִי מִכָּל מְלַאכְתּוֹ אֲשֶׁר עָשָׂה: וַיְבָרֶךְ אֱלֹהִים אֶת יוֹם הַשְּׁבִיעִי וַיְקַדֵּשׁ אֹתוֹ. כִּי בוֹ שָׁבַת מִכָּל מְלַאכְתּוֹ אֲשֶׁר בָּרָא אֱלֹהִים לַעֲשׂוֹת:

כשחל בחול מתחילים כאן:

ספרדי אֵלֶּה מוֹעֲדֵי יְיָ מִקְרָאֵי קֹדֶשׁ אֲשֶׁר תִּקְרְאוּ אֹתָם בְּמוֹעֲדָם: וַיְדַבֵּר מֹשֶׁה אֶת מֹעֲדֵי יְיָ אֶל בְּנֵי יִשְׂרָאֵל:

ספרדי סָבְרֵי מָרָנָן ועונים לְחַיִּים | אשכנזי סָבְרֵי מָרָנָן וְרַבָּנָן וְרַבּוֹתַי

בָּרוּךְ אַתָּה יְהוָה, אֱלֹהֵינוּ מֶלֶךְ הָעוֹלָם, בּוֹרֵא פְּרִי ספרדי הַגֶּפֶן אשכנזי הַגָּפֶן. ועונים אָמֵן.

בָּרוּךְ אַתָּה יְהוָה, אֱלֹהֵינוּ מֶלֶךְ הָעוֹלָם. אֲשֶׁר בָּחַר בָּנוּ מִכָּל עָם. וְרוֹמְמָנוּ מִכָּל לָשׁוֹן. וְקִדְּשָׁנוּ בְּמִצְוֹתָיו. וַתִּתֶּן לָנוּ יְהוָה אֱלֹהֵינוּ בְּאַהֲבָה.

(בשבת שַׁבָּתוֹת לִמְנוּחָה וּ)
מוֹעֲדִים לְשִׂמְחָה. חַגִּים וּזְמַנִּים
לְשָׂשׂוֹן. אֶת יוֹם (בשבת הַשַּׁבָּת הַזֶּה.
וְאֶת יוֹם) חַג הַסֻּכּוֹת הַזֶּה. ספרדי אֶת יוֹם טוֹב מִקְרָא
קֹדֶשׁ הַזֶּה. זְמַן שִׂמְחָתֵנוּ. (בשבת בְּאַהֲבָה) מִקְרָא
קֹדֶשׁ. זֵכֶר לִיצִיאַת מִצְרָיִם: כִּי בָנוּ בָחַרְתָּ וְאוֹתָנוּ
קִדַּשְׁתָּ מִכָּל הָעַמִּים, (בשבת וְשַׁבָּת ספרדי וְשַׁבָּתוֹת וּ)
מוֹעֲדֵי קָדְשֶׁךָ, (בשבת בְּאַהֲבָה וּבְרָצוֹן) בְּשִׂמְחָה וּבְשָׂשׂוֹן
הִנְחַלְתָּנוּ. בָּרוּךְ אַתָּה יְהוָה, מְקַדֵּשׁ
(בשבת הַשַּׁבָּת וְ) יִשְׂרָאֵל וְהַזְּמַנִּים: ועונים אָמֵן.

ביום טוב שני בחו"ל שחל במוצאי שבת מוסיפים
שתי ברכות אלו קודם ברכת "שהחיינו":

בָּרוּךְ אַתָּה יְהוָה, אֱלֹהֵינוּ מֶלֶךְ
הָעוֹלָם, בּוֹרֵא מְאוֹרֵי הָאֵשׁ. ועונים אָמֵן.

בָּרוּךְ אַתָּה יְהוָה, אֱלֹהֵינוּ מֶלֶךְ הָעוֹלָם,
הַמַּבְדִּיל בֵּין קֹדֶשׁ לְחֹל, בֵּין אוֹר לְחֹשֶׁךְ, בֵּין יִשְׂרָאֵל
לָעַמִּים, בֵּין יוֹם הַשְּׁבִיעִי לְשֵׁשֶׁת יְמֵי הַמַּעֲשֶׂה. בֵּין
קְדֻשַּׁת שַׁבָּת לִקְדֻשַּׁת יוֹם טוֹב הִבְדַּלְתָּ, וְאֶת־יוֹם
הַשְּׁבִיעִי מִשֵּׁשֶׁת יְמֵי הַמַּעֲשֶׂה קִדַּשְׁתָּ. הִבְדַּלְתָּ וְקִדַּשְׁתָּ
אֶת־עַמְּךָ יִשְׂרָאֵל בִּקְדֻשָּׁתֶךָ. בָּרוּךְ אַתָּה יְהוָה, הַמַּבְדִּיל
בֵּין קֹדֶשׁ לְקֹדֶשׁ. ועונים אָמֵן.

בָּרוּךְ אַתָּה יְהֹוָה,
אֱלֹהֵינוּ מֶלֶךְ הָעוֹלָם,
אֲשֶׁר קִדְּשָׁנוּ בְּמִצְוֹתָיו
וְצִוָּנוּ לֵישֵׁב בַּסֻּכָּה.

בָּרוּךְ אַתָּה יְהֹוָה, אֱלֹהֵינוּ מֶלֶךְ הָעוֹלָם,
שֶׁהֶחֱיָנוּ וְקִיְּמָנוּ, וְהִגִּיעָנוּ לַזְּמַן הַזֶּה.

יטעם מהכוס ויחלק למסובין

ייטול ידיו ויברך:

בָּרוּךְ אַתָּה יְהֹוָה, אֱלֹהֵינוּ מֶלֶךְ הָעוֹלָם
אֲשֶׁר קִדְּשָׁנוּ בְּמִצְוֹתָיו,
וְצִוָּנוּ עַל נְטִילַת יָדָיִם:

יברך על שתי חלות:

בָּרוּךְ אַתָּה יְהֹוָה, אֱלֹהֵינוּ מֶלֶךְ הָעוֹלָם
הַמּוֹצִיא לֶחֶם מִן הָאָרֶץ:

יבצע החלה ויטעם, יחלק לכל המסובין (לפחות כזית לכל אחד)

סעודת החג

קידוש שחרית

אם חל בשבת יש הנוהגים להוסיף מהפסוקים הללו:

מִזְמוֹר לְדָוִד. יְהֹוָה רֹעִי לֹא אֶחְסָר: בִּנְאוֹת דֶּשֶׁא יַרְבִּיצֵנִי. עַל מֵי מְנֻחוֹת יְנַהֲלֵנִי: נַפְשִׁי יְשׁוֹבֵב. יַנְחֵנִי בְמַעְגְּלֵי צֶדֶק לְמַעַן שְׁמוֹ: גַּם כִּי אֵלֵךְ בְּגֵיא צַלְמָוֶת לֹא אִירָא רָע כִּי אַתָּה עִמָּדִי. שִׁבְטְךָ וּמִשְׁעַנְתֶּךָ הֵמָּה יְנַחֲמֻנִי: תַּעֲרֹךְ לְפָנַי שֻׁלְחָן נֶגֶד צֹרְרָי. דִּשַּׁנְתָּ בַשֶּׁמֶן רֹאשִׁי כּוֹסִי רְוָיָה: אַךְ טוֹב וָחֶסֶד יִרְדְּפוּנִי כָּל יְמֵי חַיָּי. וְשַׁבְתִּי בְּבֵית יְהֹוָה לְאֹרֶךְ יָמִים:

אִם תָּשִׁיב מִשַּׁבָּת רַגְלֶךָ. עֲשׂוֹת חֲפָצֶךָ בְּיוֹם קָדְשִׁי. וְקָרָאתָ לַשַּׁבָּת עֹנֶג לִקְדוֹשׁ יְהֹוָה מְכֻבָּד. וְכִבַּדְתּוֹ מֵעֲשׂוֹת דְּרָכֶיךָ. מִמְּצוֹא חֶפְצְךָ וְדַבֵּר דָּבָר: אָז תִּתְעַנַּג עַל יְהֹוָה וְהִרְכַּבְתִּיךָ עַל בָּמֳתֵי אָרֶץ. וְהַאֲכַלְתִּיךָ נַחֲלַת יַעֲקֹב אָבִיךָ כִּי פִּי יְהֹוָה דִּבֵּר:

וְשָׁמְרוּ בְנֵי יִשְׂרָאֵל אֶת הַשַּׁבָּת. לַעֲשׂוֹת אֶת הַשַּׁבָּת לְדֹרֹתָם בְּרִית עוֹלָם: בֵּינִי וּבֵין בְּנֵי יִשְׂרָאֵל אוֹת הִיא לְעוֹלָם. כִּי שֵׁשֶׁת יָמִים עָשָׂה יְהֹוָה אֶת הַשָּׁמַיִם וְאֶת הָאָרֶץ. וּבַיּוֹם הַשְּׁבִיעִי שָׁבַת וַיִּנָּפַשׁ:

אשכנזי זָכוֹר אֶת יוֹם הַשַּׁבָּת לְקַדְּשׁוֹ. שֵׁשֶׁת יָמִים תַּעֲבֹד וְעָשִׂיתָ כָּל מְלַאכְתֶּךָ. וְיוֹם הַשְּׁבִיעִי שַׁבָּת לַיהֹוָה אֱלֹהֶיךָ לֹא תַעֲשֶׂה כָל מְלָאכָה אַתָּה וּבִנְךָ וּבִתֶּךָ עַבְדְּךָ וַאֲמָתְךָ וּבְהֶמְתֶּךָ וְגֵרְךָ אֲשֶׁר בִּשְׁעָרֶיךָ כִּי שֵׁשֶׁת יָמִים עָשָׂה יְהֹוָה אֶת הַשָּׁמַיִם וְאֶת הָאָרֶץ אֶת הַיָּם וְאֶת כָּל אֲשֶׁר בָּם וַיָּנַח בַּיּוֹם הַשְּׁבִיעִי.

עַל־כֵּן בֵּרַךְ יְהֹוָה אֶת־יוֹם הַשַּׁבָּת וַיְקַדְּשֵׁהוּ:

אם חל בחול מתחילים כאן:

אֵלֶּה מוֹעֲדֵי יְיָ מִקְרָאֵי קֹדֶשׁ אֲשֶׁר תִּקְרְאוּ אֹתָם בְּמוֹעֲדָם: וַיְדַבֵּר מֹשֶׁה אֶת מֹעֲדֵי יְיָ אֶל בְּנֵי יִשְׂרָאֵל:

ספרדי סָבְרֵי מָרָנָן ועונים לְחַיִּים | אשכנזי סָבְרֵי מָרָנָן וְרַבָּנָן וְרַבּוֹתַי

בָּרוּךְ אַתָּה יְהֹוָה, אֱלֹהֵינוּ מֶלֶךְ הָעוֹלָם, בּוֹרֵא פְּרִי ספרדי הַגֶּפֶן אשכנזי הַגָּפֶן. ועונים אָמֵן.

בָּרוּךְ אַתָּה יְהֹוָה, אֱלֹהֵינוּ מֶלֶךְ הָעוֹלָם, אֲשֶׁר קִדְּשָׁנוּ בְּמִצְוֹתָיו וְצִוָּנוּ לֵישֵׁב בַּסֻּכָּה.

ואחר כך ייטול ידיו ויברך על "נטילת ידיים" ו"המוציא לחם מן הארץ"

ממול: מגן תורה מעץ מגולף ומוכסף, ונציה, המאה ה-17,
אוסף המוזיאון לאמנות יהודית, ונציה;
אצבע תורה מכסף, 1725, אוסף יודאיקה מקס ברגר, וינה

לא תרצח
לא תנאף
לא תגנב
לא תענה
לא תחמד

שמיני עצרת
שמחת תורה

כ״ב בתשרי
(כ״ג בתשרי, שמחת תורה בחו״ל)

בַּיּוֹם הַשְּׁמִינִי עֲצֶרֶת תִּהְיֶה
לָכֶם כָּל־מְלֶאכֶת עֲבֹדָה
לֹא תַעֲשׂוּ:

במדבר כט, לה

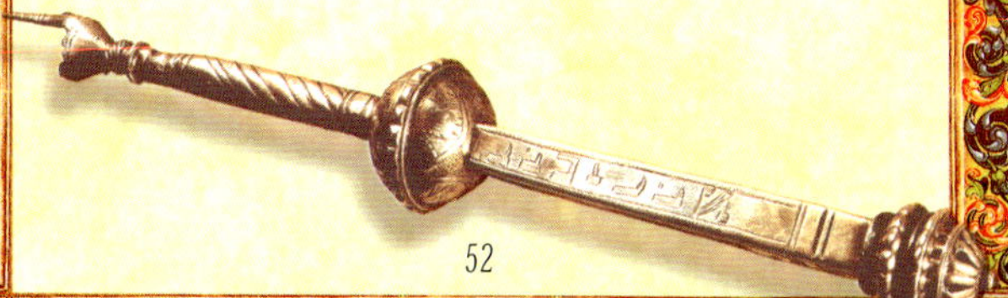

מהו שמיני עצרת?

הוא רגל בפני עצמו, ואינו קשור לחג הסוכות אלא סמוך לו בלבד. משום כך מברכים בו ברכת "שהחיינו" בשעת הדלקת נרות או בשעת הקידוש, ולא נוהגים בו במצוות המיוחדות לסוכות. בטעם חג זה נאמר: משל לבנים הנפטרים מאביהם והוא אומר להם, "קשה עלי פרידתכם, עכבו עוד יום אחד". יום זה נחשב לתחילת העונה הגשומה, ועל כן מתפללים בו תפילת הגשם ומתחילים להזכיר גשמים בתפילת שמונה-עשר, באמירת "משיב הרוח ומוריד הגשם".

מהי שמחת תורה?

בתקופת הגאונים (סוף המאה השישית עד המאה ה-11 לסה"נ) החלו לחוג חג זה, שבו מסיימים לקרוא את התורה בסוף ספר דברים ומתחילים שוב מבראשית מחזור חדש של קריאה. משה רבנו תיקן לישראל שיקראו בתורה בכל שבת, וחכמי הדורות תיקנו שמשלימים את קריאת התורה כל שנה, בקריאת סדר (=פרשה) אחד מדי שבת. מתחילים בפרשת בראשית בשבת שלאחר החג, ומסיימים (בארץ-ישראל) בשמיני עצרת (בחו"ל, שחוגגים כל יום טוב יומיים, ביום שני).

מהו מקור מנהג ההקפות ומה טעמו?

מנהג זה, שאינו מוזכר במשנה ובתלמוד, הוא מביטויי השמחה הגדולה ביום זה. בבית המקדש היו מקיפים בכל יום מימי הסוכות את המזבח בענפי ערבה, וביום השביעי - הוא יום הושענא רבה - שבע פעמים. זכר לזה אנו עושים בחג הסוכות עם הלולב, ודוגמת זה עם ספרי התורה בשמחת תורה. ההקפה מסמלת גם שמיד עם סיום התורה מתחילים מבראשית, להורות שאין סוף לתורה וללימודה.

סדר ליל שמיני עצרת ושמחת תורה

קידוש

ימלא את הכוס ביין, יעמוד, ייטול הכוס ביד ימין.
יגביהנו מעל השולחן ויאמר:

כשחל בשבת מתחילים כאן:

אשכנזי (בלחש) **וַיְהִי עֶרֶב וַיְהִי בֹקֶר:**

יוֹם הַשִּׁשִּׁי: וַיְכֻלּוּ הַשָּׁמַיִם וְהָאָרֶץ וְכָל
צְבָאָם: וַיְכַל אֱלֹהִים בַּיּוֹם הַשְּׁבִיעִי מְלַאכְתּוֹ
אֲשֶׁר עָשָׂה. וַיִּשְׁבֹּת בַּיּוֹם הַשְּׁבִיעִי מִכָּל
מְלַאכְתּוֹ אֲשֶׁר עָשָׂה: וַיְבָרֶךְ אֱלֹהִים אֶת
יוֹם הַשְּׁבִיעִי וַיְקַדֵּשׁ אֹתוֹ. כִּי בוֹ שָׁבַת מִכָּל
מְלַאכְתּוֹ אֲשֶׁר בָּרָא אֱלֹהִים לַעֲשׂוֹת:

כשחל בחול מתחילים כאן:

ספרדי **אֵלֶּה מוֹעֲדֵי יְיָ מִקְרָאֵי קֹדֶשׁ**
אֲשֶׁר תִּקְרְאוּ אֹתָם בְּמוֹעֲדָם: וַיְדַבֵּר
מֹשֶׁה אֶת מֹעֲדֵי יְיָ אֶל בְּנֵי יִשְׂרָאֵל.

ספרדי **סַבְרִי מָרָנָן** וְעוֹנִים **לְחַיִּים** | אשכנזי **סַבְרִי מָרָנָן וְרַבָּנָן וְרַבּוֹתַי**

**בָּרוּךְ אַתָּה יְהֹוָה, אֱלֹהֵינוּ
מֶלֶךְ הָעוֹלָם, בּוֹרֵא
פְּרִי** ספרדי **הַגֶּפֶן.** אשכנזי **הַגָּפֶן.** וְעוֹנִים **אָמֵן.**

בָּרוּךְ אַתָּה יְהֹוָה, אֱלֹהֵינוּ מֶלֶךְ הָעוֹלָם, אֲשֶׁר
בָּחַר בָּנוּ מִכָּל עָם. וְרוֹמְמָנוּ מִכָּל לָשׁוֹן.

וְקִדְּשָׁנוּ בְּמִצְוֹתָיו. וַתִּתֶּן לָנוּ יְהֹוָה אֱלֹהֵינוּ בְּאַהֲבָה.
(בשבת שַׁבָּתוֹת לִמְנוּחָה וּ) מוֹעֲדִים לְשִׂמְחָה. חַגִּים
וּזְמַנִּים לְשָׂשׂוֹן. אֶת יוֹם (בשבת הַשַּׁבָּת הַזֶּה. וְאֶת
יוֹם) שְׁמִינִי חַג עֲצֶרֶת הַזֶּה. ספרדי אֶת יוֹם טוֹב
מִקְרָא קֹדֶשׁ הַזֶּה. זְמַן שִׂמְחָתֵנוּ. (בשבת בְּאַהֲבָה)
מִקְרָא קֹדֶשׁ. זֵכֶר לִיצִיאַת מִצְרָיִם: כִּי בָנוּ בָחַרְתָּ
וְאוֹתָנוּ קִדַּשְׁתָּ מִכָּל הָעַמִּים. (בשבת וְשַׁבָּת ספרדי וְשַׁבָּתוֹת
וּ) מוֹעֲדֵי קָדְשֶׁךָ. (בשבת בְּאַהֲבָה וּבְרָצוֹן) בְּשִׂמְחָה
וּבְשָׂשׂוֹן הִנְחַלְתָּנוּ. בָּרוּךְ אַתָּה יְהֹוָה. מְקַדֵּשׁ
(בשבת הַשַּׁבָּת וְ) יִשְׂרָאֵל וְהַזְּמַנִּים: ועונים אָמֵן.

בָּרוּךְ אַתָּה יְהֹוָה, אֱלֹהֵינוּ מֶלֶךְ הָעוֹלָם,
שֶׁהֶחֱיָנוּ וְקִיְּמָנוּ, וְהִגִּיעָנוּ לַזְּמַן הַזֶּה.

יטעם מהכוס ויחלק לכל המסובין. ייטול ידיו ויברך:

בָּרוּךְ אַתָּה יְהֹוָה, אֱלֹהֵינוּ מֶלֶךְ הָעוֹלָם
אֲשֶׁר קִדְּשָׁנוּ בְּמִצְוֹתָיו, וְצִוָּנוּ עַל נְטִילַת יָדַיִם:

יברך על שתי חלות:

בָּרוּךְ אַתָּה יְהֹוָה, אֱלֹהֵינוּ מֶלֶךְ הָעוֹלָם
הַמּוֹצִיא לֶחֶם מִן הָאָרֶץ:

יבצע החלה ויטעם, יחלק לכל המסובין (לפחות כזית לכל אחד)

סעודת החג

קידוש שחרית

אם חל בשבת יש הנוהגים להוסיף מהפסוקים הללו:

מִזְמוֹר לְדָוִד. יְהֹוָה רֹעִי לֹא אֶחְסָר: בִּנְאוֹת דֶּשֶׁא יַרְבִּיצֵנִי. עַל מֵי מְנֻחוֹת יְנַהֲלֵנִי: נַפְשִׁי יְשׁוֹבֵב. יַנְחֵנִי בְמַעְגְּלֵי־צֶדֶק לְמַעַן שְׁמוֹ: גַּם כִּי אֵלֵךְ בְּגֵיא צַלְמָוֶת לֹא אִירָא רָע כִּי אַתָּה עִמָּדִי. שִׁבְטְךָ וּמִשְׁעַנְתֶּךָ הֵמָּה יְנַחֲמֻנִי: תַּעֲרֹךְ לְפָנַי שֻׁלְחָן נֶגֶד צֹרְרָי. דִּשַּׁנְתָּ בַשֶּׁמֶן רֹאשִׁי כּוֹסִי רְוָיָה: אַךְ טוֹב וָחֶסֶד יִרְדְּפוּנִי כָּל־יְמֵי חַיָּי. וְשַׁבְתִּי בְּבֵית יְהֹוָה לְאֹרֶךְ יָמִים:

אִם תָּשִׁיב מִשַּׁבָּת רַגְלֶךָ. עֲשׂוֹת חֲפָצֶךָ בְּיוֹם קָדְשִׁי. וְקָרָאתָ לַשַּׁבָּת עֹנֶג לִקְדוֹשׁ יְהֹוָה מְכֻבָּד. וְכִבַּדְתּוֹ מֵעֲשׂוֹת דְּרָכֶיךָ. מִמְּצוֹא חֶפְצְךָ וְדַבֵּר דָּבָר: אָז תִּתְעַנַּג עַל יְהֹוָה וְהִרְכַּבְתִּיךָ עַל בָּמֳתֵי אָרֶץ. וְהַאֲכַלְתִּיךָ נַחֲלַת יַעֲקֹב אָבִיךָ כִּי פִּי יְהֹוָה דִּבֵּר:

וְשָׁמְרוּ בְנֵי יִשְׂרָאֵל אֶת הַשַּׁבָּת. לַעֲשׂוֹת אֶת הַשַּׁבָּת לְדֹרֹתָם בְּרִית עוֹלָם: בֵּינִי וּבֵין בְּנֵי יִשְׂרָאֵל אוֹת הִיא לְעֹלָם. כִּי שֵׁשֶׁת יָמִים עָשָׂה

יְהוָה אֶת הַשָּׁמַיִם וְאֶת הָאָרֶץ, וּבַיּוֹם
הַשְּׁבִיעִי שָׁבַת וַיִּנָּפַשׁ.

אשכנזי זָכוֹר אֶת יוֹם הַשַּׁבָּת לְקַדְּשׁוֹ. שֵׁשֶׁת
יָמִים תַּעֲבוֹד וְעָשִׂיתָ כָּל מְלַאכְתֶּךָ. וְיוֹם
הַשְּׁבִיעִי שַׁבָּת לַיהוָה אֱלֹהֶיךָ לֹא תַעֲשֶׂה
כָל מְלָאכָה אַתָּה וּבִנְךָ וּבִתֶּךָ עַבְדְּךָ
וַאֲמָתְךָ וּבְהֶמְתֶּךָ וְגֵרְךָ אֲשֶׁר
בִּשְׁעָרֶיךָ כִּי שֵׁשֶׁת יָמִים
עָשָׂה יְהוָה אֶת הַשָּׁמַיִם וְאֶת
הָאָרֶץ אֶת הַיָּם וְאֶת כָּל אֲשֶׁר
בָּם וַיָּנַח בַּיּוֹם הַשְּׁבִיעִי.
עַל־כֵּן בֵּרַךְ יְהוָה אֶת־יוֹם הַשַּׁבָּת וַיְקַדְּשֵׁהוּ:

אם חל בחול
מתחילים כאן:

אֵלֶּה מוֹעֲדֵי יְיָ מִקְרָאֵי קֹדֶשׁ אֲשֶׁר
תִּקְרְאוּ אֹתָם בְּמוֹעֲדָם: וַיְדַבֵּר
מֹשֶׁה אֶת מֹעֲדֵי יְיָ אֶל בְּנֵי יִשְׂרָאֵל:

ספרדי סָבְרֵי מָרָנָן ועונים לְחַיִּים | אשכנזי סַבְרֵי מָרָנָן וְרַבָּנָן וְרַבּוֹתַי

בָּרוּךְ אַתָּה יְהוָה, אֱלֹהֵינוּ מֶלֶךְ הָעוֹלָם,
בּוֹרֵא פְּרִי ספרדי הַגֶּפֶן אשכנזי הַגָּפֶן. ועונים אָמֵן.

ואחר כך יטול ידיו ויברך על נטילת ידיים והמוציא לחם מן הארץ

ממול: חנוכייה מכסף וזהב, אאוגסבורג, גרמניה, 1769,
אוסף מוזיאון ישראל, ירושלים

חנוכה

כ"ה בכסלו - ב' בטבת

"ולאחר שטיהרו בקפדנות הכניס בו
כלים חדשים: מנורה, שולחן, מזבח, עשויים זהב. [...] אף הרס את
המזבח ובנה חדש מאבנים שונות שלא סותתו בברזל. ובעשרים
וחמישה לחודש כסלו, שהמוקדונים קוראים לו אפלאיוס, הדליקו
נרות במנורה והקטירו על המזבח"

(יוסף בן-מתתיהו, קדמוניות היהודים. ספר יב)

מדוע חוגגים את חג החנוכה?

בימי בית שני היתה ארץ-ישראל תחת שלטון יוון (333 לפסה"נ ואילך), שהחדירה את תרבותה האלילית בישראל והביאה להתייוונות חלק מהעם, לעתים תוך שימוש בכוח. גם על בית המקדש שבירושלים ניסו היוונים להשתלט, פרצו בו פריצות וטימאו את הכלים ואת השמנים שבו. יחס הכובשים היוונים לתושבי הארץ ולמקומות הקדושים גרם לבסוף להתקוממות הכוהנים ה"חשמונאים" (או "מכבים", ובאיות שונה - "מקבים"). בשנת 167 לפסה"נ פרץ מרד בעם, בהנהגת החשמונאים, נגד שלטון העריצות והכפירה, תחת הסיסמה "מי לה' אלי". ב-164 לפסה"נ הגיע המרד לשיאו בשחרור ירושלים ובית המקדש מעול היוונים. לזכר ניצחון זה, והעצמאות הדתית והלאומית שבאה בעקבותיו, נקבעו ימים אלה כימי הודיה והלל ונקבע שמם "חנוכה". ההסבר הפשוט לשמו של החג הוא "חנוכת המזבח"; פירוש אחר קובע: חנו-כ"ה, שביום כ"ה בכסלו נחו מאויבם. ועוד - שמלאכת המשכן הסתיימה בימים אלו.

מה מסמלים נרות החנוכה?

לפי המסורת, כאשר ניצחו החשמונאים את היוונים וביקשו לטהר את המקדש ולחדש את מאור מנורת המקדש, חיפשו שמן טהור להדלקת המנורה אך היוונים טימאו את השמנים הטהורים ולא מצאו היהודים אלא פך שמן אחד, שהיה בו כדי להזין את אש המנורה למשך יום אחד בלבד. ונעשה נס ודלק השמן שמונה ימים מלאים. המנורה מסמלת את האור האלוהי השורה בישראל, שבאמצעותו ניצח עם ישראל וסילק את החושך של יוון. זאת מבטאים אנו באמצעות נרות החנוכה, שמצווה להדליקם בפתח הבית או בחלון כדי לציין ולהזכיר את אור הנס, אור הניצחון ואור תורת ישראל, בבחינת אור מועט הדוחה חושך רב.

הדלקת נרות

לפני הדלקת הנרות נברך (ישנם נוהגים שונים ביחס לזהות מדליקי הנרות):

בָּרוּךְ אַתָּה יְהֹוָה, אֱלֹהֵינוּ מֶלֶךְ הָעוֹלָם, אֲשֶׁר קִדְּשָׁנוּ בְּמִצְוֹתָיו, וְצִוָּנוּ לְהַדְלִיק נֵר (שֶׁל) חֲנֻכָּה.

בָּרוּךְ אַתָּה יְהֹוָה, אֱלֹהֵינוּ מֶלֶךְ הָעוֹלָם, שֶׁעָשָׂה נִסִּים לַאֲבוֹתֵינוּ, בַּיָּמִים הָהֵם בַּזְּמַן הַזֶּה.

בלילה הראשון של חנוכה מוסיפים ברכה זו:

בָּרוּךְ אַתָּה יְהֹוָה, אֱלֹהֵינוּ מֶלֶךְ הָעוֹלָם, שֶׁהֶחֱיָנוּ וְקִיְּמָנוּ וְהִגִּיעָנוּ לַזְּמַן הַזֶּה.

בכל הלילות, לאחר הדלקת הנרות נאמר:

הַנֵּרוֹת הַלָּלוּ אָנוּ מַדְלִיקִין, עַל הַנִּסִּים, וְעַל הַנִּפְלָאוֹת, וְעַל הַתְּשׁוּעוֹת, וְעַל הַמִּלְחָמוֹת, שֶׁעָשִׂיתָ לַאֲבוֹתֵינוּ בַּיָּמִים הָהֵם בַּזְּמַן הַזֶּה, עַל יְדֵי כֹּהֲנֶיךָ הַקְּדוֹשִׁים. שֶׁכָּל שְׁמוֹנַת יְמֵי חֲנֻכָּה הַנֵּרוֹת הַלָּלוּ קֹדֶשׁ הֵם, וְאֵין לָנוּ רְשׁוּת לְהִשְׁתַּמֵּשׁ בָּהֶם, אֶלָּא לִרְאוֹתָם בִּלְבָד, כְּדֵי לְהוֹדוֹת לְשִׁמְךָ הַגָּדוֹל, עַל נִסֶּיךָ, וְעַל נִפְלְאוֹתֶיךָ, וְעַל יְשׁוּעוֹתֶיךָ.

יֵשׁ הַנּוֹהֲגִים
לְהוֹסִיף:

מִזְמוֹר שִׁיר חֲנֻכַּת הַבַּיִת לְדָוִד:

אֲרוֹמִמְךָ יְהֹוָה כִּי דִלִּיתָנִי. וְלֹא שִׂמַּחְתָּ
אֹיְבַי לִי: יְהֹוָה אֱלֹהָי. שִׁוַּעְתִּי אֵלֶיךָ
וַתִּרְפָּאֵנִי: יְהֹוָה הֶעֱלִיתָ מִן שְׁאוֹל נַפְשִׁי.
חִיִּיתַנִי מִיָּרְדִי בוֹר: זַמְּרוּ לַיהֹוָה חֲסִידָיו.
וְהוֹדוּ לְזֵכֶר קָדְשׁוֹ:

כִּי רֶגַע בְּאַפּוֹ חַיִּים בִּרְצוֹנוֹ. בָּעֶרֶב יָלִין
בֶּכִי וְלַבֹּקֶר רִנָּה: וַאֲנִי אָמַרְתִּי בְשַׁלְוִי.
בַּל אֶמּוֹט לְעוֹלָם: יְהֹוָה בִּרְצוֹנְךָ הֶעֱמַדְתָּה
לְהַרְרִי עֹז. הִסְתַּרְתָּ פָנֶיךָ הָיִיתִי נִבְהָל:
אֵלֶיךָ יְהֹוָה אֶקְרָא וְאֶל אֲדֹנָי אֶתְחַנָּן: מַה
בֶּצַע בְּדָמִי בְּרִדְתִּי אֶל שַׁחַת. הֲיוֹדְךָ עָפָר
הֲיַגִּיד אֲמִתֶּךָ: שְׁמַע יְהֹוָה וְחָנֵּנִי יְהֹוָה הֱיֵה
עֹזֵר לִי: הָפַכְתָּ מִסְפְּדִי לְמָחוֹל לִי פִּתַּחְתָּ
שַׂקִּי וַתְּאַזְּרֵנִי שִׂמְחָה: לְמַעַן יְזַמֶּרְךָ כָבוֹד
וְלֹא יִדֹּם. יְהֹוָה אֱלֹהַי לְעוֹלָם אוֹדֶךָּ:

מעוז צור

מָעוֹז צוּר יְשׁוּעָתִי לְךָ נָאֶה לְשַׁבֵּחַ. תִּכּוֹן בֵּית
תְּפִלָּתִי וְשָׁם תּוֹדָה נְזַבֵּחַ. לְעֵת תָּכִין מַטְבֵּחַ מִצָּר
הַמְנַבֵּחַ. אָז אֶגְמוֹר בְּשִׁיר מִזְמוֹר חֲנֻכַּת הַמִּזְבֵּחַ:

רָעוֹת שָׂבְעָה נַפְשִׁי בְּיָגוֹן כֹּחִי כִּלָּה. חַיַּי מֵרְרוּ
בְּקוֹשִׁי בְּשִׁעְבּוּד מַלְכוּת עֶגְלָה. וּבְיָדוֹ הַגְּדוֹלָה
הוֹצִיא אֶת הַסְּגֻלָּה. חֵיל פַּרְעֹה וְכָל זַרְעוֹ יָרְדוּ
כְּאֶבֶן בִּמְצוּלָה:

דְּבִיר קָדְשׁוֹ הֱבִיאַנִי וְגַם שָׁם לֹא שָׁקַטְתִּי. וּבָא
נוֹגֵשׂ וְהִגְלַנִי. כִּי זָרִים עָבַדְתִּי. וְיֵין רַעַל מָסַכְתִּי
כִּמְעַט שֶׁעָבַרְתִּי. קֵץ בָּבֶל. זְרֻבָּבֶל.
לְקֵץ שִׁבְעִים נוֹשַׁעְתִּי:

כְּרוֹת קוֹמַת בְּרוֹשׁ בִּקֵּשׁ אֲגָגִי בֶּן הַמְּדָתָא. וְנִהְיָתָה
לוֹ לְפַח וּלְמוֹקֵשׁ וְגַאֲוָתוֹ נִשְׁבָּתָה. רֹאשׁ יְמִינִי
נִשֵּׂאתָ. וְאוֹיֵב שְׁמוֹ מָחִיתָ.
רֹב בָּנָיו וְקִנְיָנָיו עַל הָעֵץ תָּלִיתָ:

יְוָנִים נִקְבְּצוּ עָלַי אֲזַי בִּימֵי חַשְׁמַנִּים. וּפָרְצוּ חוֹמוֹת
מִגְדָּלַי וְטִמְּאוּ כָּל הַשְּׁמָנִים. וּמִנּוֹתַר קַנְקַנִּים נַעֲשָׂה
נֵס לַשּׁוֹשַׁנִּים. בְּנֵי בִינָה יְמֵי שְׁמוֹנָה
קָבְעוּ שִׁיר וּרְנָנִים:

חֲשׂוֹף זְרוֹעַ קָדְשֶׁךָ וְקָרֵב קֵץ הַיְשׁוּעָה. נְקֹם נִקְמַת
דַּם עֲבָדֶיךָ מֵאֻמָּה הָרְשָׁעָה. כִּי אָרְכָה לָנוּ הַשָּׁעָה.
וְאֵין קֵץ לִימֵי הָרָעָה. דְּחֵה אַדְמוֹן בְּצֵל צַלְמוֹן
הָקֵם לָנוּ רוֹעֶה שִׁבְעָה:

פורים

י״ד-ט״ו באדר

וְהַיָּמִים הָאֵלֶּה נִזְכָּרִים
וְנַעֲשִׂים בְּכָל־דּוֹר וָדוֹר
מִשְׁפָּחָה וּמִשְׁפָּחָה מְדִינָה
וּמְדִינָה וְעִיר וָעִיר וִימֵי
הַפּוּרִים הָאֵלֶּה לֹא יַעַבְרוּ
מִתּוֹךְ הַיְּהוּדִים וְזִכְרָם
לֹא־יָסוּף מִזַּרְעָם:

אסתר ט, כח

68

מה אנו חוגגים בפורים?

ימי הפורים נקבעו על-ידי מרדכי היהודי, כזכר לישועה שנושעו ישראל מגזרת המן האגגי ("צורר היהודים" ככינויו במגילת אסתר, או "המן הרשע" בכינוי מאוחר יותר) בימי אחשוורוש מלך פרס. באותה תקופה, ימי גלות בית ראשון, היה רוב עם ישראל מפוזר ומפורד בארצות האימפריה הפרסית, דבר שגרם להתערותם והשתלבותם בכל תחומי החיים בין העמים. המן זמם להשמיד את יהודי הממלכה הפרסית, וכמתואר במגילת אסתר הושיע הקב"ה את עם ישראל, ובדרך נס נסתרת העטופה בדרכי הטבע נפל הפור, התהפך הגורל, ועם ישראל ניצל בעוד המן וזרעו מושמדים.

מהן מצוות פורים?

ארבע המצוות המיוחדות לפורים נקבעו על-ידי החוהדרין והנביאים: קריאה במגילת אסתר, שבה נגלל כל האירוע (ונוהגים להשמיע דפיקות והכאות כל פעם שמזכירים את שמו של המן בקריאת המגילה, זכר לנאמר "תמחה את זכר עמלק"); שמחה במשתה של יין "עד לא ידע"; משלוח מנות איש לרעהו; ומתן מתנות לאביונים. ונהגו ישראל שמשנים את בגדיהם בפורים ומתחפשים בלבושים של נוכרים וכדומה, וטעמים שונים נאמרו בדבר.

מהו "שושן פורים"?

נצחון היהודים על הקמים להשמידם. בי"ג באדר ביקש המן להשמיד, להרוג ולאבד את כל היהודים, ולכן נקבע פורים ליום שלמחרת, י"ד באדר. בשושן, שבה נמשך חיסול האויבים יום נוסף, נקבע פורים לט"ו באדר. לזכר יום זה קבעו החכמים, שכל עיר מוקפת חומה תחגוג את פורים בט"ו באדר. בימינו, ירושלים היא העיר היחידה שבה חוגגים את "שושן פורים" בלבד, וישנן ערים נוספות שבהן חוגגים יומיים, מחמת הספק.

מצווה היא לקרוא בפורים את מגילת אסתר
(בבית הכנסת בדרך-כלל).
שלוש מצוות נוספות לחג הן משלוח המנות,
סעודת הפורים ומתנות לאביונים, שנאמר:

לְקַיֵּם עֲלֵיהֶם לִהְיוֹת עֹשִׂים אֵת יוֹם
אַרְבָּעָה עָשָׂר לְחֹדֶשׁ אֲדָר וְאֵת יוֹם
חֲמִשָּׁה עָשָׂר בּוֹ בְּכָל שָׁנָה וְשָׁנָה. כַּיָּמִים
אֲשֶׁר נָחוּ בָהֶם הַיְּהוּדִים מֵאוֹיְבֵיהֶם
וְהַחֹדֶשׁ אֲשֶׁר נֶהְפַּךְ לָהֶם מִיָּגוֹן לְשִׂמְחָה
וּמֵאֵבֶל לְיוֹם טוֹב לַעֲשׂוֹת אוֹתָם יְמֵי
מִשְׁתֶּה וְשִׂמְחָה וּמִשְׁלֹחַ מָנוֹת אִישׁ
לְרֵעֵהוּ וּמַתָּנוֹת לָאֶבְיֹנִים.

(אסתר ט', כא-כב)

מנהגים שאינם מצווה הם להתחפש בפורים, לשתות משקאות
משכרים, לאכול מיני מזונות מיוחדים (בעיקר "אוזני המן")
להרבות בשמחה ואף לנהוג בליצנות ממש.

ממול: מגילת אסתר, כסף עם עיטורי זהב, אוסטריה, 1872 בקירוב,
אוסף יודאיקה מקס ברגר, וינה

למעלה: כוס של אליהו הנביא, בוהמיה, המאה ה-19, וכלי ליין בעיצוב
מאיר אוסטרליץ, אוסטריה, המאה ה-19, אוסף פרטי
ממול: צלחת סדר, פולין, המאות ה-18-19,
אוסף המוזיאון היהודי, ניו-יורק

פסח

ט״ו - כ״א בניסן

וַיֹּאמֶר מֹשֶׁה אֶל הָעָם זָכוֹר אֶת־הַיּוֹם הַזֶּה
אֲשֶׁר יְצָאתֶם מִמִּצְרַיִם מִבֵּית עֲבָדִים כִּי
בְּחֹזֶק יָד הוֹצִיא יְהוָה אֶתְכֶם מִזֶּה וְלֹא יֵאָכֵל
חָמֵץ: הַיּוֹם אַתֶּם יֹצְאִים בְּחֹדֶשׁ הָאָבִיב:

שמות יג, ג-ד

מה אנו חוגגים בחג הפסח?

בט"ו בניסן בתמ"ח לבריאת העולם, יצא עם ישראל - שמנה אז 600 אלף גברים וכן נשים, ילדים וגרים רבים - ל"חירות עולם", לאחר 210 שנות גלות ושיעבוד במצרים. חג הפסח קרוי על שם המכה העשירית שניחתה על המצרים, מכת בכורות, שאז פסח הקב"ה על בתי היהודים, והוא מתאפיין באיסור אכילת חמץ, לזכר החיפזון שבו עזבו בני ישראל את מצרים, עד שאפילו לחם לא עלה בידם לאפות כצידה לדרך. שם נוסף לחג הפסח הוא "חג החירות" - "חירות עולם", כיוון שגם אם גלו אחר כך לאשור, לבבל, לפרס ולארצות אדום, נשארו בני חורין בנפשם ולעולם לא יצליחו האומות שישעבדו אותם לעקור מהם את הנפש המיוחדת, הנפש היהודית, ולהופכם לחלק מהם. מצוות רבות - עשה ולא תעשה - נצטווינו כזכר ליציאת מצרים, באשר היא יסוד האמונה היהודית.

מהן מצוות הפסח?

מצווה מן תורה לספר לבנינו בלילה זה בעניין יציאת מצרים, כל אחד כפי יכולתו, ולהלל ולשבח את ה' על כל הנסים שעשה לנו שם. נוסח ההגדה שבידינו מקורו בתקופות המשנה והתלמוד (סוף המאה השנייה עד סוף המאה החמישית לסה"נ), ונוספו עליו פיוטים בדורות מאוחרים יותר. מלבד מצוות הסיפור, צווינו בתורה לאכול מצה בלילה זה (בעוד שבשאר ימי הפסח אכילת המצה היא רשות, ולכן לא מברכים עליה "על אכילת מצה"), ובזמן שבית המקדש היה קיים - לאכול מקורבן הפסח (זכר לזה אנו אוכלים "אפיקומן" בסוף הסעודה), וכן לאכול מרור (בזמן הזה אכילת מרור היא מצווה מדברי חכמים). מצווה נוספת מדברי חכמים היא שתיית ארבע כוסות יין, כנגד ארבע לשונות של דרגות הגאולה: "והוצאתי", "והצלתי", "וגאלתי", "ולקחתי". מנהג עתיק הוא להזמין לסדר הפסח ולסעודה המיוחדת קרובים, ידידים ואף זרים שאין להם דרך לחוג ולסעוד, ככתוב בהגדה לפסח בארמית: "כל דכפין ייתי ויכול, כל דצריך ייתי ויפסח".

מה מציינים ב"שביעי של פסח"?

שביעי של פסח אינו חג בפני עצמו (כשמיני עצרת של חג הסוכות), אלא סיומו של חג הפסח, לכן אין מברכים בו ברכת "שהחיינו". לפי המקרא נעשו לישראל ביום זה נסים גדולים בקריעת ים סוף, שהשלימו את ההצלה מידי המצרים, ובו שרו ישראל את שירת גאולתם - "שירת הים".

בדיקת חמץ

אור לי"ד ניסן (וכשחל י"ד בשבת - אור לי"ג)
אחר תפילת ערבית בודקים את החמץ לאור הנר

הִנְנִי מוּכָן וּמְזֻמָּן לְקַיֵּם מִצְוַת עֲשֵׂה וְלֹא תַעֲשֶׂה שֶׁל בְּדִיקַת חָמֵץ. לְשֵׁם יִחוּד קוּדְשָׁא בְּרִיךְ הוּא וּשְׁכִינְתֵּיהּ. עַל יְדֵי הַהוּא טָמִיר וְנֶעְלָם בְּשֵׁם כָּל יִשְׂרָאֵל: וִיהִי נֹעַם אֲדֹנָי אֱלֹהֵינוּ עָלֵינוּ. וּמַעֲשֵׂה יָדֵינוּ כּוֹנְנָה עָלֵינוּ. וּמַעֲשֵׂה יָדֵינוּ כּוֹנְנֵהוּ:

בָּרוּךְ אַתָּה יְיָ. אֱלֹהֵינוּ מֶלֶךְ הָעוֹלָם. אֲשֶׁר קִדְּשָׁנוּ בְּמִצְוֹתָיו וְצִוָּנוּ עַל בִּעוּר חָמֵץ.

אחר הבדיקה אומרים:

כָּל חֲמִירָא וַחֲמִיעָא דְאִכָּא בִרְשׁוּתִי דְּלָא חֲמִתֵּהּ וּדְלָא בִעַרְתֵּהּ וּדְלָא יְדַעְנָא לֵהּ לִבָּטֵל וְלֶהֱוֵי הֶפְקֵר כְּעַפְרָא דְאַרְעָא.

שְׂרֵפַת חמץ

בסוף שעה חמישית מאור הבוקר שורפים את החמץ ואומרים:
(אם חל ערב פסח בשבת, שורפים את החמץ ביום ו', ואומרים כל חמירא בשבת)

הִנְנִי מוּכָן וּמְזֻמָּן לְקַיֵּם מִצְוַת עֲשֵׂה וְלֹא תַעֲשֶׂה שֶׁל שְׂרֵפַת חָמֵץ. לְשֵׁם יִחוּד קוּדְשָׁא בְּרִיךְ הוּא וּשְׁכִינְתֵּיהּ. עַל יְדֵי הַהוּא טָמִיר וְנֶעְלָם בְּשֵׁם כָּל יִשְׂרָאֵל: וִיהִי נֹעַם אֲדֹנָי אֱלֹהֵינוּ עָלֵינוּ. וּמַעֲשֵׂה יָדֵינוּ כּוֹנְנָה עָלֵינוּ. וּמַעֲשֵׂה יָדֵינוּ כּוֹנְנֵהוּ:

כָּל חֲמִירָא וַחֲמִיעָא דְאִכָּא בִרְשׁוּתִי דַחֲזִתֵּהּ וּדְלָא חֲזִתֵּהּ דְבִעַרְתֵּהּ וּדְלָא בִעַרְתֵּהּ לִבָּטֵל וְלֶהֱוֵי הֶפְקֵר כְּעַפְרָא דְאַרְעָא.

עירוב תבשילין

אם חל ערב פסח ביום ד', עושים בחו"ל עירוב תבשילין, כדי שמותר יהיה לבשל ביום ו' לשבת.
לוקחים מצה שלמה וכזית תבשיל או בשר או ביצה צלויה ומניחים על המצה ואומרים:

בָּרוּךְ אַתָּה יְיָ. אֱלֹהֵינוּ מֶלֶךְ הָעוֹלָם. אֲשֶׁר קִדְּשָׁנוּ בְּמִצְוֹתָיו וְצִוָּנוּ עַל מִצְוַת עֵרוּב.

בְּהָדֵין עֵרוּבָא. יְהֵא שָׁרֵא לָנָא לַאֲפוּיֵי. וּלְבַשּׁוּלֵי. וּלְאַדְלוּקֵי שְׁרָגָא. וּלְתַקָּנָא. וּלְמֶעְבַּד כָּל צָרְכָּנָא מִיּוֹמָא טָבָא לְשַׁבְּתָא. לָנָא וּלְכָל יִשְׂרָאֵל הַדָּרִים בָּעִיר הַזֹּאת.

הדלקת נרות

בָּרוּךְ אַתָּה יְיָ, אֱלֹהֵינוּ מֶלֶךְ הָעוֹלָם,
אֲשֶׁר קִדְּשָׁנוּ בְּמִצְוֹתָיו וְצִוָּנוּ לְהַדְלִיק
נֵר שֶׁל (בשבת שַׁבָּת וְשֶׁל) יוֹם טוֹב.

בָּרוּךְ אַתָּה יְיָ, אֱלֹהֵינוּ מֶלֶךְ הָעוֹלָם,
שֶׁהֶחֱיָנוּ וְקִיְּמָנוּ וְהִגִּיעָנוּ לַזְּמַן הַזֶּה.

וכך מסדרים

על השולחן - ליד עורך הסדר - שמים קערה ובה שלוש מצות מכוסות.
ועליהן מניחים: למעלה - זרוע מימין וביצה משמאל
למטה - חרוסת מימין וכרפס משמאל, וביניהם את המרור

סדר פסח

קַדֵּשׁ — יקדש על היין
וּרְחַץ — ייטול ידיו לפני הכרפס
כַּרְפַּס — יאכל ירקות טבולים במי מלח

יַחַץ — יבצע מצה אמצעית לשנים
מַגִּיד — יאמר את ההגדה
רָחְצָה — ייטול ידיו לפני הסעודה

מוֹצִיא מַצָּה — יברך על המצה
מָרוֹר — יאכל מן המרור

כּוֹרֵךְ — יאכל מצה על מרורים
שֻׁלְחָן עוֹרֵךְ — יאכל סעודת החג

צָפוּן — יאכל מן האפיקומן שהצפין
בָּרֵךְ — יברך ברכת המזון
הַלֵּל — יאמר תפלת הלל

נִרְצָה — הסדר והתפלה כרצון הבורא

קַדֵּשׁ

ימלא את הכוס הראשון, יעמוד, ייטול הכוס ביד ימין, יגביהנו מעל השולחן ויאמר:

הִנְנִי מוּכָן וּמְזֻמָּן לְקַיֵּם מִצְוַת כּוֹס רִאשׁוֹן

כשחל בשבת מתחילים כאן:

אשכנזי (בלחש) וַיְהִי עֶרֶב וַיְהִי בֹקֶר

יוֹם הַשִּׁשִּׁי: וַיְכֻלּוּ הַשָּׁמַיִם וְהָאָרֶץ וְכָל צְבָאָם: וַיְכַל אֱלֹהִים בַּיּוֹם הַשְּׁבִיעִי מְלַאכְתּוֹ אֲשֶׁר עָשָׂה. וַיִּשְׁבֹּת בַּיּוֹם הַשְּׁבִיעִי מִכָּל מְלַאכְתּוֹ אֲשֶׁר עָשָׂה: וַיְבָרֶךְ אֱלֹהִים אֶת יוֹם הַשְּׁבִיעִי וַיְקַדֵּשׁ אֹתוֹ. כִּי בוֹ שָׁבַת מִכָּל מְלַאכְתּוֹ אֲשֶׁר בָּרָא אֱלֹהִים לַעֲשׂוֹת:

כשחל בחול מתחילים כאן:

ספרדי אֵלֶּה מוֹעֲדֵי יְיָ מִקְרָאֵי קֹדֶשׁ אֲשֶׁר תִּקְרְאוּ אֹתָם בְּמוֹעֲדָם: וַיְדַבֵּר מֹשֶׁה אֶת מֹעֲדֵי יְיָ אֶל בְּנֵי יִשְׂרָאֵל:

ספרדי סַבְרֵי מָרָנָן ועונים לְחַיִּים | אשכנזי סַבְרֵי מָרָנָן וְרַבָּנָן וְרַבּוֹתַי

בָּרוּךְ אַתָּה יְהֹוָה, אֱלֹהֵינוּ מֶלֶךְ הָעוֹלָם, בּוֹרֵא פְּרִי

ספרדי הַגֶּפֶן אשכנזי הַגָּפֶן. ועונים אָמֵן.

בָּרוּךְ אַתָּה יְהֹוָה, אֱלֹהֵינוּ מֶלֶךְ הָעוֹלָם, אֲשֶׁר בָּחַר בָּנוּ מִכָּל עָם. וְרוֹמְמָנוּ מִכָּל לָשׁוֹן. וְקִדְּשָׁנוּ בְּמִצְוֹתָיו.

וַתִּתֶּן לָנוּ יְהֹוָה אֱלֹהֵינוּ בְּאַהֲבָה.
(בשבת שַׁבָּתוֹת לִמְנוּחָה וּ) מוֹעֲדִים לְשִׂמְחָה.
חַגִּים וּזְמַנִּים לְשָׂשׂוֹן. אֶת יוֹם (בשבת הַשַּׁבָּת הַזֶּה.
וְאֶת יוֹם) חַג הַמַּצּוֹת הַזֶּה. ספרדי אֶת יוֹם טוֹב מִקְרָא
קֹדֶשׁ הַזֶּה. זְמַן שִׂמְחָתֵנוּ. (בשבת בְּאַהֲבָה) מִקְרָא קֹדֶשׁ. זֵכֶר
לִיצִיאַת מִצְרָיִם: כִּי בָנוּ בָחַרְתָּ וְאוֹתָנוּ קִדַּשְׁתָּ מִכָּל הָעַמִּים.
(בשבת וְשַׁבָּת ספרדי וְשַׁבָּתוֹת וּ) מוֹעֲדֵי קָדְשֶׁךָ, (בשבת בְּאַהֲבָה
וּבְרָצוֹן) בְּשִׂמְחָה וּבְשָׂשׂוֹן הִנְחַלְתָּנוּ. בָּרוּךְ אַתָּה יְהֹוָה,
מְקַדֵּשׁ (בשבת הַשַּׁבָּת וְ) יִשְׂרָאֵל וְהַזְּמַנִּים: ועונים אָמֵן.

ביום טוב שחל במוצאי שבת מוסיפים
שתי ברכות אלו קודם ברכת "שהחיינו":

בָּרוּךְ אַתָּה יְהֹוָה, אֱלֹהֵינוּ מֶלֶךְ הָעוֹלָם,
בּוֹרֵא מְאוֹרֵי הָאֵשׁ. ועונים אָמֵן.
בָּרוּךְ אַתָּה יְהֹוָה, אֱלֹהֵינוּ מֶלֶךְ הָעוֹלָם, הַמַּבְדִּיל בֵּין
קֹדֶשׁ לְחֹל, וּבֵין אוֹר לְחֹשֶׁךְ, וּבֵין יִשְׂרָאֵל לָעַמִּים,
וּבֵין יוֹם הַשְּׁבִיעִי לְשֵׁשֶׁת יְמֵי הַמַּעֲשֶׂה. בֵּין קְדֻשַּׁת
שַׁבָּת לִקְדֻשַּׁת יוֹם טוֹב הִבְדַּלְתָּ, וְאֶת יוֹם הַשְּׁבִיעִי
מִשֵּׁשֶׁת יְמֵי הַמַּעֲשֶׂה קִדַּשְׁתָּ. הִבְדַּלְתָּ וְקִדַּשְׁתָּ אֶת
עַמְּךָ יִשְׂרָאֵל בִּקְדֻשָּׁתֶךָ. בָּרוּךְ אַתָּה יְהֹוָה,
הַמַּבְדִּיל בֵּין קֹדֶשׁ לְקֹדֶשׁ. ועונים אָמֵן.

בָּרוּךְ אַתָּה יְהֹוָה, אֱלֹהֵינוּ מֶלֶךְ הָעוֹלָם,
שֶׁהֶחֱיָנוּ וְקִיְּמָנוּ, וְהִגִּיעָנוּ לַזְּמַן הַזֶּה.

שותים כוס ראשון בהסיבת שמאל

וּרְחַץ

נוטלים ידיים (ואין מברכים על נטילת ידיים)

כַּרְפַּס

לוקחים כרפס, טובלים במי מלח ומברכים

(ומכוון לפטור בברכה זו גם את המרור)

בָּרוּךְ אַתָּה יְיָ, אֱלֹהֵינוּ מֶלֶךְ הָעוֹלָם,
בּוֹרֵא פְּרִי הָאֲדָמָה.

אוכלים ללא הסיבה

יַחַץ

האמצעית משלש המצות בוצעים לשתים, את החלק הגדול מצפינין לאפיקומן ואת החלק הקטן מניחים במקומו בין שתי המצות

מַגִּיד

מגביהים את הקערה עם המצות מגולות ואומרים:

הָא לַחְמָא עַנְיָא
דִּי אֲכַלוּ אֲבָהָתַנָא
בְּאַרְעָא דְמִצְרָיִם. כָּל־דִּכְפִין יֵיתֵי
וְיֵיכוֹל. כָּל־דִּצְרִיךְ יֵיתֵי וְיִפְסַח.
הָשַׁתָּא הָכָא, לַשָּׁנָה הַבָּאָה, בְּאַרְעָא
דְיִשְׂרָאֵל. הָשַׁתָּא עַבְדֵי. לַשָּׁנָה
הַבָּאָה בְּנֵי חוֹרִין.

מוזגים כוס שני
והצעיר מבין המסובים שואל:

מַה נִּשְׁתַּנָּה הַלַּיְלָה הַזֶּה מִכָּל הַלֵּילוֹת?
שֶׁבְּכָל־הַלֵּילוֹת אָנוּ אוֹכְלִין חָמֵץ וּמַצָּה.
הַלַּיְלָה הַזֶּה כֻּלּוֹ מַצָּה.
שֶׁבְּכָל־הַלֵּילוֹת אָנוּ אוֹכְלִין שְׁאָר יְרָקוֹת.
הַלַּיְלָה הַזֶּה כֻּלּוֹ מָרוֹר.
שֶׁבְּכָל־הַלֵּילוֹת אֵין אָנוּ מַטְבִּילִין אֲפִילוּ פַּעַם אֶחָת.
הַלַּיְלָה הַזֶּה שְׁתֵּי פְעָמִים.
שֶׁבְּכָל־הַלֵּילוֹת אָנוּ אוֹכְלִין בֵּין יוֹשְׁבִין וּבֵין מְסֻבִּין.
הַלַּיְלָה הַזֶּה כֻּלָּנוּ מְסֻבִּין.

מגלים את המצות
והמסובים משיבים:

עֲבָדִים הָיִינוּ לְפַרְעֹה בְּמִצְרָיִם. וַיּוֹצִיאֵנוּ יְיָ אֱלֹהֵינוּ מִשָּׁם בְּיָד חֲזָקָה וּבִזְרוֹעַ נְטוּיָה. וְאִלּוּ לֹא הוֹצִיא הַקָּדוֹשׁ בָּרוּךְ הוּא אֶת־אֲבוֹתֵינוּ מִמִּצְרַיִם הֲרֵי אָנוּ וּבָנֵינוּ וּבְנֵי בָנֵינוּ מְשֻׁעְבָּדִים הָיִינוּ לְפַרְעֹה בְּמִצְרָיִם. וַאֲפִילוּ
כֻּלָּנוּ חֲכָמִים. כֻּלָּנוּ נְבוֹנִים
כֻּלָּנוּ זְקֵנִים. כֻּלָּנוּ יוֹדְעִים
אֶת־הַתּוֹרָה. מִצְוָה עָלֵינוּ לְסַפֵּר בִּיצִיאַת מִצְרָיִם. וְכָל־הַמַּרְבֶּה לְסַפֵּר בִּיצִיאַת מִצְרַיִם הֲרֵי זֶה מְשֻׁבָּח.

מַעֲשֶׂה בְּרַבִּי אֱלִיעֶזֶר וְרַבִּי יְהוֹשֻׁעַ וְרַבִּי אֶלְעָזָר בֶּן־עֲזַרְיָה וְרַבִּי עֲקִיבָא וְרַבִּי טַרְפוֹן. שֶׁהָיוּ מְסֻבִּין בִּבְנֵי בְרַק וְהָיוּ מְסַפְּרִים בִּיצִיאַת מִצְרַיִם כָּל אוֹתוֹ הַלַּיְלָה. עַד שֶׁבָּאוּ תַלְמִידֵיהֶם וְאָמְרוּ לָהֶם:

רַבּוֹתֵינוּ הִגִּיעַ זְמַן
קְרִיאַת שְׁמַע שֶׁל שַׁחֲרִית.

אָמַר רַבִּי אֶלְעָזָר בֶּן־עֲזַרְיָה.
הֲרֵי אֲנִי כְּבֶן שִׁבְעִים שָׁנָה וְלֹא זָכִיתִי שֶׁתֵּאָמֵר יְצִיאַת מִצְרַיִם בַּלֵּילוֹת עַד שֶׁדְּרָשָׁהּ בֶּן זוֹמָא, שֶׁנֶּאֱמַר: לְמַעַן תִּזְכֹּר אֶת־יוֹם צֵאתְךָ מֵאֶרֶץ מִצְרַיִם כֹּל יְמֵי חַיֶּיךָ. יְמֵי חַיֶּיךָ הַיָּמִים כֹּל יְמֵי חַיֶּיךָ הַלֵּילוֹת. וַחֲכָמִים אוֹמְרִים: יְמֵי חַיֶּיךָ הָעוֹלָם הַזֶּה. כֹּל יְמֵי חַיֶּיךָ לְהָבִיא לִימוֹת הַמָּשִׁיחַ.

בָּרוּךְ הַמָּקוֹם בָּרוּךְ הוּא בָּרוּךְ
שֶׁנָּתַן תּוֹרָה לְעַמּוֹ יִשְׂרָאֵל
בָּרוּךְ הוּא

כְּנֶגֶד אַרְבָּעָה בָנִים דִּבְּרָה תוֹרָה:
אֶחָד חָכָם. וְאֶחָד רָשָׁע. וְאֶחָד תָּם.
וְאֶחָד שֶׁאֵינוֹ יוֹדֵעַ לִשְׁאֹל.

חָכָם מַה הוּא אוֹמֵר?

מָה הָעֵדֹת וְהַחֻקִּים וְהַמִּשְׁפָּטִים אֲשֶׁר צִוָּה יְיָ אֱלֹהֵינוּ אֶתְכֶם? וְאַף אַתָּה אֱמָר־לוֹ כְּהִלְכוֹת הַפֶּסַח: אֵין מַפְטִירִין אַחַר הַפֶּסַח אֲפִיקוֹמָן.

רָשָׁע מַה הוּא אוֹמֵר?

מָה הָעֲבוֹדָה הַזֹּאת לָכֶם? לָכֶם וְלֹא לוֹ. וּלְפִי שֶׁהוֹצִיא אֶת־עַצְמוֹ מִן הַכְּלָל כָּפַר בָּעִקָּר. וְאַף אַתָּה הַקְהֵה אֶת־שִׁנָּיו וֶאֱמָר־לוֹ: בַּעֲבוּר זֶה עָשָׂה יְיָ לִי בְּצֵאתִי מִמִּצְרָיִם. לִי וְלֹא לוֹ.
אִלּוּ הָיָה שָׁם לֹא הָיָה נִגְאָל.

תָּם מָה הוּא אוֹמֵר?

מַה־זֹּאת? וְאָמַרְתָּ אֵלָיו: בְּחֹזֶק יָד הוֹצִיאָנוּ יְיָ מִמִּצְרַיִם. מִבֵּית עֲבָדִים.

וְשֶׁאֵינוֹ יוֹדֵעַ לִשְׁאוֹל

אַתְּ פְּתַח לוֹ. שֶׁנֶּאֱמַר: וְהִגַּדְתָּ לְבִנְךָ בַּיּוֹם הַהוּא לֵאמֹר בַּעֲבוּר זֶה עָשָׂה יְיָ לִי בְּצֵאתִי מִמִּצְרָיִם.

וְהִגַּדְתָּ לְבִנְךָ:

יָכוֹל מֵרֹאשׁ חֹדֶשׁ תַּלְמוּד לוֹמַר בַּיּוֹם הַהוּא. אִי
בַּיּוֹם הַהוּא יָכוֹל מִבְּעוֹד יוֹם? תַּלְמוּד לוֹמַר בַּעֲבוּר
זֶה. בַּעֲבוּר זֶה לֹא אָמַרְתִּי אֶלָּא בְּשָׁעָה שֶׁיֵּשׁ
מַצָּה וּמָרוֹר מֻנָּחִים לְפָנֶיךָ.

מִתְּחִלָּה

עוֹבְדֵי עֲבוֹדָה זָרָה הָיוּ אֲבוֹתֵינוּ וְעַכְשָׁו קֵרְבָנוּ
הַמָּקוֹם לַעֲבֹדָתוֹ. שֶׁנֶּאֱמַר: וַיֹּאמֶר יְהוֹשֻׁעַ אֶל כָּל
וַעָם. כֹּה אָמַר יְיָ אֱלֹהֵי יִשְׂרָאֵל. בְּעֵבֶר הַנָּהָר
יָשְׁבוּ אֲבוֹתֵיכֶם מֵעוֹלָם. תֶּרַח אֲבִי אַבְרָהָם וַאֲבִי
נָחוֹר. וַיַּעַבְדוּ אֱלֹהִים אֲחֵרִים. וָאֶקַּח אֶת אֲבִיכֶם
אֶת אַבְרָהָם מֵעֵבֶר הַנָּהָר. וָאוֹלֵךְ אוֹתוֹ בְּכָל אֶרֶץ
כְּנָעַן. וָאַרְבֶּה אֶת־זַרְעוֹ וָאֶתֶּן־לוֹ אֶת־יִצְחָק. וָאֶתֵּן
לְיִצְחָק אֶת־יַעֲקֹב וְאֶת עֵשָׂו. וָאֶתֵּן לְעֵשָׂו אֶת־
הַר שֵׂעִיר לָרֶשֶׁת אוֹתוֹ. וְיַעֲקֹב וּבָנָיו יָרְדוּ מִצְרָיִם.

בָּרוּךְ שׁוֹמֵר

הַבְטָחָתוֹ לְיִשְׂרָאֵל בָּרוּךְ הוּא שֶׁהַקָּדוֹשׁ בָּרוּךְ הוּא
חִשַּׁב אֶת־הַקֵּץ לַעֲשׂוֹת כְּמָה שֶׁאָמַר לְאַבְרָהָם
אָבִינוּ בִּבְרִית בֵּין הַבְּתָרִים.

שֶׁנֶּאֱמַר:

וַיֹּאמֶר לְאַבְרָם יָדֹעַ תֵּדַע כִּי גֵר יִהְיֶה זַרְעֲךָ בְּאֶרֶץ
לֹא לָהֶם, וַעֲבָדוּם וְעִנּוּ אֹתָם אַרְבַּע מֵאוֹת שָׁנָה.
וְגַם אֶת־הַגּוֹי אֲשֶׁר יַעֲבֹדוּ דָּן אָנֹכִי. וְאַחֲרֵי כֵן
יֵצְאוּ בִּרְכֻשׁ גָּדוֹל.

מכסים את המצות, מגביהים
את הכוס ואומרים:

וְהִיא שֶׁעָמְדָה לַאֲבוֹתֵינוּ וְלָנוּ.
שֶׁלֹּא אֶחָד בִּלְבַד עָמַד
עָלֵינוּ לְכַלּוֹתֵנוּ.
אֶלָּא שֶׁבְּכָל דּוֹר וָדוֹר עוֹמְדִים
עָלֵינוּ לְכַלּוֹתֵנוּ.
וְהַקָּדוֹשׁ בָּרוּךְ הוּא מַצִּילֵנוּ מִיָּדָם.

מניחים את הכוס ומגלים את המצות

צֵא וּלְמַד

מַה בִּקֵּשׁ לָבָן הָאֲרַמִּי לַעֲשׂוֹת לְיַעֲקֹב אָבִינוּ.
שֶׁפַּרְעֹה לֹא גָזַר אֶלָּא עַל הַזְּכָרִים. וְלָבָן בִּקֵּשׁ
לַעֲקֹר אֶת הַכֹּל. שֶׁנֶּאֱמַר: אֲרַמִּי אֹבֵד אָבִי. וַיֵּרֶד
מִצְרַיְמָה. וַיָּגָר שָׁם בִּמְתֵי מְעָט. וַיְהִי שָׁם לְגוֹי
גָּדוֹל עָצוּם וָרָב.

וַיֵּרֶד

מִצְרַיְמָה אָנוּס עַל פִּי הַדִּבּוּר. וַיָּגָר שָׁם מְלַמֵּד
שֶׁלֹּא יָרַד יַעֲקֹב אָבִינוּ לְהִשְׁתַּקֵּעַ בְּמִצְרַיִם
אֶלָּא לָגוּר שָׁם. שֶׁנֶּאֱמַר: וַיֹּאמְרוּ אֶל פַּרְעֹה
לָגוּר בָּאָרֶץ בָּאנוּ. כִּי אֵין מִרְעֶה לַצֹּאן אֲשֶׁר
לַעֲבָדֶיךָ. כִּי כָבֵד הָרָעָב בְּאֶרֶץ כְּנָעַן. וְעַתָּה
יֵשְׁבוּ־נָא עֲבָדֶיךָ בְּאֶרֶץ גֹּשֶׁן.

בִּמְתֵי מְעָט

כְּמָה שֶׁנֶּאֱמַר: בְּשִׁבְעִים נֶפֶשׁ יָרְדוּ אֲבוֹתֶיךָ
מִצְרָיְמָה. וְעַתָּה שָׂמְךָ יְיָ אֱלֹהֶיךָ כְּכוֹכְבֵי
הַשָּׁמַיִם לָרֹב. וַיְהִי שָׁם לְגוֹי. מְלַמֵּד שֶׁהָיוּ
יִשְׂרָאֵל מְצֻיָּנִים שָׁם. גָּדוֹל עָצוּם. כְּמָה שֶׁנֶּאֱמַר:
וּבְנֵי יִשְׂרָאֵל פָּרוּ וַיִּשְׁרְצוּ וַיִּרְבּוּ וַיַּעַצְמוּ
בִּמְאֹד מְאֹד וַתִּמָּלֵא הָאָרֶץ אֹתָם.

וָרָב

כְּמָה שֶׁנֶּאֱמַר: רְבָבָה כְּצֶמַח הַשָּׂדֶה נְתַתִּיךְ.
וַתִּרְבִּי וַתִּגְדְּלִי וַתָּבֹאִי בַּעֲדִי עֲדָיִים. שָׁדַיִם
נָכֹנוּ וּשְׂעָרֵךְ צִמֵּחַ וְאַתְּ עֵרֹם וְעֶרְיָה: וָאֶעֱבֹר
עָלַיִךְ וָאֶרְאֵךְ מִתְבּוֹסֶסֶת בְּדָמָיִךְ.

וָאֹמַר לָךְ בְּדָמַיִךְ חֲיִי.
וָאֹמַר לָךְ בְּדָמַיִךְ חֲיִי.

וַיָּרֵעוּ

אֹתָנוּ הַמִּצְרִים וַיְעַנּוּנוּ. וַיִּתְּנוּ עָלֵינוּ עֲבוֹדָה קָשָׁה. וַיָּרֵעוּ אֹתָנוּ הַמִּצְרִים. כְּמָה שֶׁנֶּאֱמַר: הָבָה נִתְחַכְּמָה לוֹ פֶּן יִרְבֶּה. וְהָיָה כִּי תִקְרֶאנָה מִלְחָמָה וְנוֹסַף גַּם הוּא עַל שׂוֹנְאֵינוּ. וְנִלְחַם בָּנוּ וְעָלָה מִן הָאָרֶץ. וַיְעַנּוּנוּ. כְּמָה שֶׁנֶּאֱמַר: וַיָּשִׂימוּ עָלָיו שָׂרֵי מִסִּים לְמַעַן עַנֹּתוֹ בְּסִבְלֹתָם. וַיִּבֶן עָרֵי מִסְכְּנוֹת לְפַרְעֹה. אֶת פִּתֹם וְאֶת רַעַמְסֵס. וַיִּתְּנוּ עָלֵינוּ עֲבוֹדָה קָשָׁה. כְּמָה שֶׁנֶּאֱמַר: וַיַּעֲבִדוּ מִצְרַיִם אֶת בְּנֵי יִשְׂרָאֵל בְּפָרֶךְ.

וַנִּצְעַק

אֶל יְיָ אֱלֹהֵי אֲבוֹתֵינוּ. וַיִּשְׁמַע יְיָ אֶת קוֹלֵנוּ וַיַּרְא אֶת עָנְיֵנוּ וְאֶת עֲמָלֵנוּ וְאֶת לַחֲצֵנוּ. וַנִּצְעַק אֶל יְיָ אֱלֹהֵי אֲבוֹתֵינוּ כְּמָה שֶׁנֶּאֱמַר: וַיְהִי בַיָּמִים הָרַבִּים הָהֵם וַיָּמָת מֶלֶךְ מִצְרַיִם. וַיֵּאָנְחוּ בְנֵי יִשְׂרָאֵל מִן הָעֲבֹדָה וַיִּזְעָקוּ. וַתַּעַל שַׁוְעָתָם אֶל הָאֱלֹהִים מִן הָעֲבֹדָה. וַיִּשְׁמַע יְיָ אֶת קוֹלֵנוּ כְּמָה שֶׁנֶּאֱמַר: וַיִּשְׁמַע אֱלֹהִים אֶת נַאֲקָתָם. וַיִּזְכֹּר אֱלֹהִים אֶת בְּרִיתוֹ. אֶת אַבְרָהָם אֶת יִצְחָק וְאֶת יַעֲקֹב.

וַיַּרְא

אֶת עָנְיֵנוּ. זוֹ פְּרִישׁוּת דֶּרֶךְ אֶרֶץ. כְּמָה שֶׁנֶּאֱמַר:
וַיַּרְא אֱלֹהִים אֶת בְּנֵי יִשְׂרָאֵל וַיֵּדַע אֱלֹהִים.
וְאֶת־עֲמָלֵנוּ אֵלּוּ הַבָּנִים. כְּמָה שֶׁנֶּאֱמַר: כָּל הַבֵּן
הַיִּלּוֹד הַיְאֹרָה תַּשְׁלִיכוּהוּ וְכָל הַבַּת תְּחַיּוּן.
וְאֶת־לַחֲצֵנוּ זוֹ הַדְּחַק. כְּמָה שֶׁנֶּאֱמַר: וְגַם רָאִיתִי
אֶת הַלַּחַץ אֲשֶׁר מִצְרַיִם לֹחֲצִים אוֹתָם.

וַיּוֹצִיאֵנוּ

יְיָ מִמִּצְרַיִם בְּיָד חֲזָקָה וּבִזְרֹעַ נְטוּיָה וּבְמוֹרָא גָּדוֹל
וּבְאֹתוֹת וּבְמוֹפְתִים. וַיּוֹצִיאֵנוּ יְיָ מִמִּצְרַיִם לֹא
עַל־יְדֵי מַלְאָךְ וְלֹא עַל־יְדֵי שָׂרָף וְלֹא עַל־יְדֵי שָׁלִיחַ
אֶלָּא הַקָּדוֹשׁ בָּרוּךְ הוּא בִּכְבוֹדוֹ וּבְעַצְמוֹ. שֶׁנֶּאֱמַר:
וְעָבַרְתִּי בְאֶרֶץ־מִצְרַיִם בַּלַּיְלָה הַזֶּה, וְהִכֵּיתִי
כָל־בְּכוֹר בְּאֶרֶץ מִצְרַיִם מֵאָדָם וְעַד־בְּהֵמָה, וּבְכָל־
אֱלֹהֵי מִצְרַיִם אֶעֱשֶׂה שְׁפָטִים אֲנִי יְיָ.
וְעָבַרְתִּי בְאֶרֶץ מִצְרַיִם בַּלַּיְלָה הַזֶּה

אֲנִי וְלֹא מַלְאָךְ.

וְהִכֵּיתִי כָל־בְּכוֹר בְּאֶרֶץ מִצְרַיִם אֲנִי וְלֹא שָׂרָף.
וּבְכָל אֱלֹהֵי מִצְרַיִם אֶעֱשֶׂה שְׁפָטִים
אֲנִי יְיָ אֲנִי הוּא וְלֹא הַשָּׁלִיחַ.
אֲנִי יְיָ אֲנִי הוּא וְלֹא אַחֵר.

בְּיָד חֲזָקָה זוֹ הַדֶּבֶר.

כְּמָה שֶׁנֶּאֱמַר: הִנֵּה יַד־יְיָ הוֹיָה בְּמִקְנְךָ אֲשֶׁר בַּשָּׂדֶה: בַּסּוּסִים, בַּחֲמֹרִים, בַּגְּמַלִּים, בַּבָּקָר וּבַצֹּאן דֶּבֶר כָּבֵד מְאֹד.

וּבִזְרֹעַ נְטוּיָה זוֹ הַחֶרֶב.

כְּמָה שֶׁנֶּאֱמַר: וְחַרְבּוֹ שְׁלוּפָה בְּיָדוֹ נְטוּיָה עַל יְרוּשָׁלָיִם.

וּבְמוֹרָא גָּדוֹל זוֹ גִּלּוּי שְׁכִינָה.

כְּמָה שֶׁנֶּאֱמַר: אוֹ הֲנִסָּה אֱלֹהִים לָבוֹא לָקַחַת לוֹ גוֹי מִקֶּרֶב גּוֹי בְּמַסֹּת בְּאֹתֹת וּבְמוֹפְתִים וּבְמִלְחָמָה וּבְיָד חֲזָקָה וּבִזְרוֹעַ נְטוּיָה וּבְמוֹרָאִים גְּדוֹלִים, כְּכֹל אֲשֶׁר עָשָׂה לָכֶם יְיָ אֱלֹהֵיכֶם בְּמִצְרַיִם לְעֵינֶיךָ.

וּבְאֹתוֹת זֶה הַמַּטֶּה.

כְּמָה שֶׁנֶּאֱמַר: וְאֶת הַמַּטֶּה הַזֶּה תִּקַּח בְּיָדְךָ אֲשֶׁר תַּעֲשֶׂה בּוֹ אֶת הָאֹתֹת.

וּבְמוֹפְתִים זֶה הַדָּם.

כְּמָה שֶׁנֶּאֱמַר: וְנָתַתִּי מוֹפְתִים בַּשָּׁמַיִם וּבָאָרֶץ.

זורקים מעט יין מן הכוס ואומרים:

דָּם וָאֵשׁ וְתִמְרוֹת עָשָׁן.

דָּבָר אַחֵר

בְּיָד חֲזָקָה שְׁתַּיִם.
וּבִזְרֹעַ נְטוּיָה שְׁתַּיִם.
וּבְמוֹרָא גָּדוֹל שְׁתַּיִם.
וּבְאֹתוֹת שְׁתַּיִם.
וּבְמֹפְתִים שְׁתַּיִם.

זורקים מעט יין מן הכוס לתוך כלי
בזמן קריאה בעשר מכות ובסימניהן

אֵלּוּ עֶשֶׂר מַכּוֹת שֶׁהֵבִיא הַקָּדוֹשׁ בָּרוּךְ
הוּא עַל הַמִּצְרִים בְּמִצְרַיִם. וְאֵלּוּ הֵן:

דָּם • צְפַרְדֵּעַ • כִּנִּים

עָרוֹב • דֶּבֶר • שְׁחִין

בָּרָד • אַרְבֶּה • חֹשֶׁךְ

מַכַּת בְּכוֹרוֹת

רַבִּי יְהוּדָה הָיָה נוֹתֵן בָּהֶם סִמָּנִים
דְּצַ"ךְ עֲדַ"שׁ בְּאַחַ"ב:

רַבִּי יוֹסֵי הַגְּלִילִי

אוֹמֵר: מִנַּיִן אַתָּה אוֹמֵר שֶׁלָּקוּ הַמִּצְרִים בְּמִצְרַיִם
עֶשֶׂר מַכּוֹת וְעַל הַיָּם לָקוּ חֲמִשִּׁים מַכּוֹת?
בְּמִצְרַיִם מָה הוּא אוֹמֵר: וַיֹּאמְרוּ הַחַרְטֻמִּים

אֶל פַּרְעֹה אֶצְבַּע אֱלֹהִים הִיא. וְעַל הַיָּם מָה
הוּא אוֹמֵר. וַיַּרְא יִשְׂרָאֵל אֶת הַיָּד הַגְּדוֹלָה
אֲשֶׁר עָשָׂה יְיָ בְּמִצְרַיִם. וַיִּירְאוּ הָעָם אֶת יְיָ.

וַיַּאֲמִינוּ בַּיְיָ וּבְמשֶׁה עַבְדּוֹ. כַּמָּה לָקוּ בְאֶצְבַּע.
עֶשֶׂר מַכּוֹת. אֱמֹר מֵעַתָּה: בְּמִצְרַיִם לָקוּ עֶשֶׂר
מַכּוֹת וְעַל הַיָּם לָקוּ חֲמִשִּׁים מַכּוֹת.

רַבִּי אֱלִיעֶזֶר

אוֹמֵר: מִנַּיִן שֶׁכָּל מַכָּה וּמַכָּה שֶׁהֵבִיא הַקָּדוֹשׁ
בָּרוּךְ הוּא עַל הַמִּצְרִים בְּמִצְרַיִם הָיְתָה שֶׁל
אַרְבַּע מַכּוֹת? שֶׁנֶּאֱמַר: יְשַׁלַּח בָּם חֲרוֹן
אַפּוֹ. עֶבְרָה. וָזַעַם. וְצָרָה. מִשְׁלַחַת מַלְאֲכֵי
רָעִים. עֶבְרָה אַחַת. וָזַעַם שְׁתַּיִם. וְצָרָה
שָׁלֹשׁ. מִשְׁלַחַת מַלְאֲכֵי רָעִים אַרְבַּע. אֱמֹר
מֵעַתָּה: בְּמִצְרַיִם לָקוּ אַרְבָּעִים מַכּוֹת וְעַל
הַיָּם לָקוּ מָאתַיִם מַכּוֹת.

רַבִּי עֲקִיבָא

אוֹמֵר: מִנַּיִן שֶׁכָּל מַכָּה וּמַכָּה שֶׁהֵבִיא הַקָּדוֹשׁ
בָּרוּךְ הוּא עַל הַמִּצְרִים בְּמִצְרַיִם הָיְתָה שֶׁל
חָמֵשׁ מַכּוֹת? שֶׁנֶּאֱמַר: יְשַׁלַּח בָּם חֲרוֹן אַפּוֹ.
עֶבְרָה. וָזַעַם. וְצָרָה. מִשְׁלַחַת מַלְאֲכֵי רָעִים.
חֲרוֹן אַפּוֹ אַחַת. עֶבְרָה שְׁתַּיִם. וָזַעַם שָׁלֹשׁ.
וְצָרָה אַרְבַּע. מִשְׁלַחַת מַלְאֲכֵי רָעִים חָמֵשׁ.

אֱמֹר מֵעַתָּה: בְּמִצְרַיִם לָקוּ חֲמִשִּׁים מַכּוֹת
וְעַל הַיָּם לָקוּ חֲמִשִּׁים וּמָאתַיִם מַכּוֹת.

כַּמָּה מַעֲלוֹת טוֹבוֹת לַמָּקוֹם עָלֵינוּ

אִלּוּ הוֹצִיאָנוּ מִמִּצְרַיִם
וְלֹא עָשָׂה בָהֶם שְׁפָטִים דַּיֵּנוּ
אִלּוּ עָשָׂה בָהֶם שְׁפָטִים
וְלֹא עָשָׂה בֵאלֹהֵיהֶם דַּיֵּנוּ
אִלּוּ עָשָׂה בֵאלֹהֵיהֶם
וְלֹא הָרַג אֶת בְּכוֹרֵיהֶם דַּיֵּנוּ
אִלּוּ הָרַג אֶת בְּכוֹרֵיהֶם
וְלֹא נָתַן לָנוּ אֶת מָמוֹנָם דַּיֵּנוּ
אִלּוּ נָתַן לָנוּ אֶת מָמוֹנָם
וְלֹא קָרַע לָנוּ אֶת הַיָּם דַּיֵּנוּ
אִלּוּ קָרַע לָנוּ אֶת הַיָּם
וְלֹא הֶעֱבִירָנוּ בְתוֹכוֹ בֶּחָרָבָה דַּיֵּנוּ
אִלּוּ הֶעֱבִירָנוּ בְתוֹכוֹ בֶּחָרָבָה
וְלֹא שִׁקַּע צָרֵינוּ בְּתוֹכוֹ דַּיֵּנוּ
אִלּוּ שִׁקַּע צָרֵינוּ בְּתוֹכוֹ
וְלֹא סִפֵּק צָרְכֵּנוּ בַּמִּדְבָּר אַרְבָּעִים שָׁנָה דַּיֵּנוּ
אִלּוּ סִפֵּק צָרְכֵּנוּ בַּמִּדְבָּר אַרְבָּעִים שָׁנָה
וְלֹא הֶאֱכִילָנוּ אֶת הַמָּן דַּיֵּנוּ
אִלּוּ הֶאֱכִילָנוּ אֶת הַמָּן
וְלֹא נָתַן לָנוּ אֶת הַשַּׁבָּת דַּיֵּנוּ
אִלּוּ נָתַן לָנוּ אֶת הַשַּׁבָּת
וְלֹא קֵרְבָנוּ לִפְנֵי הַר סִינַי דַּיֵּנוּ
אִלּוּ קֵרְבָנוּ לִפְנֵי הַר סִינַי
וְלֹא נָתַן לָנוּ אֶת הַתּוֹרָה דַּיֵּנוּ
אִלּוּ נָתַן לָנוּ אֶת הַתּוֹרָה
וְלֹא הִכְנִיסָנוּ לְאֶרֶץ יִשְׂרָאֵל דַּיֵּנוּ
אִלּוּ הִכְנִיסָנוּ לְאֶרֶץ יִשְׂרָאֵל
וְלֹא בָנָה לָנוּ אֶת בֵּית הַבְּחִירָה דַּיֵּנוּ

עַל אַחַת כַּמָּה וְכַמָּה טוֹבָה כְפוּלָה

וּמְכֻפֶּלֶת לַמָּקוֹם עָלֵינוּ

שֶׁהוֹצִיאָנוּ מִמִּצְרַיִם — וְעָשָׂה בָהֶם שְׁפָטִים

וְעָשָׂה בֵאלֹהֵיהֶם — וְהָרַג אֶת בְּכוֹרֵיהֶם

וְנָתַן לָנוּ אֶת מָמוֹנָם — וְקָרַע לָנוּ אֶת הַיָּם

וְהֶעֱבִירָנוּ בְתוֹכוֹ בֶּחָרָבָה — וְשִׁקַּע צָרֵינוּ בְּתוֹכוֹ

וְסִפֵּק צָרְכֵּנוּ בַּמִּדְבָּר אַרְבָּעִים שָׁנָה

וְהֶאֱכִילָנוּ אֶת הַמָּן — וְנָתַן לָנוּ אֶת הַשַּׁבָּת

וְקֵרְבָנוּ לִפְנֵי הַר סִינַי — וְנָתַן לָנוּ אֶת הַתּוֹרָה

וְהִכְנִיסָנוּ לְאֶרֶץ יִשְׂרָאֵל

וּבָנָה לָנוּ אֶת בֵּית הַבְּחִירָה — לְכַפֵּר עַל כָּל עֲוֹנוֹתֵינוּ

רַבָּן גַּמְלִיאֵל

הָיָה אוֹמֵר: כָּל שֶׁלֹּא אָמַר שְׁלֹשָׁה דְבָרִים אֵלּוּ בַּפֶּסַח לֹא יָצָא יְדֵי חוֹבָתוֹ. וְאֵלּוּ הֵן:

פֶּסַח מַצָּה וּמָרוֹר

פֶּסַח שֶׁהָיוּ אֲבוֹתֵינוּ אוֹכְלִים בִּזְמַן שֶׁבֵּית הַמִּקְדָּשׁ הָיָה קַיָּם. עַל שׁוּם מָה? עַל שׁוּם שֶׁפָּסַח הַקָּדוֹשׁ בָּרוּךְ הוּא עַל בָּתֵּי אֲבוֹתֵינוּ בְּמִצְרַיִם. שֶׁנֶּאֱמַר: וַאֲמַרְתֶּם זֶבַח פֶּסַח הוּא לַיְיָ אֲשֶׁר פָּסַח עַל בָּתֵּי בְנֵי יִשְׂרָאֵל בְּמִצְרַיִם בְּנָגְפּוֹ אֶת מִצְרַיִם וְאֶת בָּתֵּינוּ הִצִּיל. וַיִּקֹּד הָעָם וַיִּשְׁתַּחֲווּ.

מגביהים את המצות ואומרים:

מַצָּה זוֹ שֶׁאָנוּ אוֹכְלִים עַל שׁוּם מָה? עַל שׁוּם שֶׁלֹּא הִסְפִּיק בְּצֵקָם שֶׁל אֲבוֹתֵינוּ לְהַחֲמִיץ עַד שֶׁנִּגְלָה עֲלֵיהֶם מֶלֶךְ מַלְכֵי הַמְּלָכִים הַקָּדוֹשׁ בָּרוּךְ הוּא וּגְאָלָם. שֶׁנֶּאֱמַר: וַיֹּאפוּ אֶת הַבָּצֵק אֲשֶׁר הוֹצִיאוּ מִמִּצְרַיִם עֻגֹת מַצּוֹת כִּי לֹא חָמֵץ. כִּי גֹרְשׁוּ מִמִּצְרַיִם וְלֹא יָכְלוּ לְהִתְמַהְמֵהַּ וְגַם צֵדָה לֹא עָשׂוּ לָהֶם.

מגביהים את המרור ואומרים:

מָרוֹר זֶה שֶׁאָנוּ אוֹכְלִים עַל שׁוּם מָה? עַל שׁוּם שֶׁמֵּרְרוּ הַמִּצְרִים אֶת חַיֵּי אֲבוֹתֵינוּ בְּמִצְרַיִם. שֶׁנֶּאֱמַר: וַיְמָרְרוּ אֶת חַיֵּיהֶם בַּעֲבֹדָה קָשָׁה. בְּחֹמֶר וּבִלְבֵנִים וּבְכָל עֲבֹדָה בַּשָּׂדֶה. אֵת כָּל עֲבֹדָתָם אֲשֶׁר עָבְדוּ בָהֶם בְּפָרֶךְ.

בְּכָל־דּוֹר וָדוֹר

חַיָּב אָדָם לִרְאוֹת אֶת עַצְמוֹ כְּאִלּוּ הוּא יָצָא מִמִּצְרַיִם. שֶׁנֶּאֱמַר: וְהִגַּדְתָּ לְבִנְךָ בַּיּוֹם הַהוּא לֵאמֹר: בַּעֲבוּר זֶה עָשָׂה יְיָ לִי בְּצֵאתִי מִמִּצְרָיִם. לֹא אֶת אֲבוֹתֵינוּ בִּלְבָד גָּאַל הַקָּדוֹשׁ בָּרוּךְ הוּא אֶלָּא אַף אוֹתָנוּ גָּאַל עִמָּהֶם. שֶׁנֶּאֱמַר: וְאוֹתָנוּ הוֹצִיא מִשָּׁם לְמַעַן הָבִיא אוֹתָנוּ לָתֶת לָנוּ אֶת הָאָרֶץ אֲשֶׁר נִשְׁבַּע לַאֲבוֹתֵינוּ.

מגביהים את הכוס,
מכסים את המצות ואומרים:

לְפִיכָךְ אֲנַחְנוּ חַיָּבִים לְהוֹדוֹת לְהַלֵּל לְשַׁבֵּחַ. לְפָאֵר. לְרוֹמֵם. לְהַדֵּר. לְבָרֵךְ. לְעַלֵּה וּלְקַלֵּס לְמִי שֶׁעָשָׂה לַאֲבוֹתֵינוּ וְלָנוּ אֶת כָּל הַנִּסִּים הָאֵלּוּ. הוֹצִיאָנוּ מֵעַבְדוּת לְחֵרוּת. מִיָּגוֹן לְשִׂמְחָה. מֵאֵבֶל לְיוֹם טוֹב. וּמֵאֲפֵלָה לְאוֹר גָּדוֹל. וּמִשִּׁעְבּוּד לִגְאֻלָּה. וְנֹאמַר לְפָנָיו שִׁירָה חֲדָשָׁה. הַלְלוּיָהּ.

מניחים את הכוס,
מגלים את המצות ואומרים:

הַלְלוּיָהּ

הַלְלוּ עַבְדֵי יְיָ. הַלְלוּ אֶת שֵׁם יְיָ: יְהִי שֵׁם יְיָ מְבֹרָךְ. מֵעַתָּה וְעַד עוֹלָם: מִמִּזְרַח שֶׁמֶשׁ עַד מְבוֹאוֹ. מְהֻלָּל שֵׁם יְיָ: רָם עַל כָּל גּוֹיִם יְיָ. עַל הַשָּׁמַיִם כְּבוֹדוֹ: מִי כַּייָ אֱלֹהֵינוּ הַמַּגְבִּיהִי לָשָׁבֶת. הַמַּשְׁפִּילִי לִרְאוֹת. בַּשָּׁמַיִם וּבָאָרֶץ: מְקִימִי מֵעָפָר דָּל. מֵאַשְׁפֹּת יָרִים אֶבְיוֹן: לְהוֹשִׁיבִי עִם נְדִיבִים. עִם נְדִיבֵי עַמּוֹ: מוֹשִׁיבִי עֲקֶרֶת הַבַּיִת. אֵם הַבָּנִים שְׂמֵחָה: הַלְלוּיָהּ.

בְּצֵאת יִשְׂרָאֵל מִמִּצְרָיִם

בֵּית יַעֲקֹב מֵעַם לֹעֵז הָיְתָה יְהוּדָה לְקָדְשׁוֹ: יִשְׂרָאֵל מַמְשְׁלוֹתָיו הַיָּם רָאָה וַיָּנֹס הַיַּרְדֵּן יִסֹּב לְאָחוֹר: הֶהָרִים רָקְדוּ כְאֵילִים גְּבָעוֹת כִּבְנֵי־צֹאן: מַה לְּךָ הַיָּם כִּי תָנוּס הַיַּרְדֵּן תִּסֹּב לְאָחוֹר: הֶהָרִים תִּרְקְדוּ כְאֵילִים גְּבָעוֹת כִּבְנֵי־צֹאן: מִלִּפְנֵי אָדוֹן חוּלִי אָרֶץ מִלִּפְנֵי אֱלוֹהַּ יַעֲקֹב: הַהֹפְכִי הַצּוּר אֲגַם מָיִם: חַלָּמִישׁ לְמַעְיְנוֹ מָיִם:

מגביהים את הכוס, מכסים את המצות ואומרים:

בָּרוּךְ אַתָּה יְיָ. אֱלֹהֵינוּ מֶלֶךְ הָעוֹלָם.

אֲשֶׁר גְּאָלָנוּ וְגָאַל אֶת אֲבוֹתֵינוּ מִמִּצְרַיִם. וְהִגִּיעָנוּ הַלַּיְלָה הַזֶּה לֶאֱכָל בּוֹ מַצָּה וּמָרוֹר. כֵּן יְיָ אֱלֹהֵינוּ וֵאלֹהֵי אֲבוֹתֵינוּ יַגִּיעֵנוּ לְמוֹעֲדִים וְלִרְגָלִים אֲחֵרִים הַבָּאִים לִקְרָאתֵנוּ לְשָׁלוֹם. שְׂמֵחִים בְּבִנְיַן עִירֶךָ וְשָׂשִׂים בַּעֲבוֹדָתֶךָ. וְנֹאכַל שָׁם מִן הַזְּבָחִים וּמִן הַפְּסָחִים אֲשֶׁר יַגִּיעַ דָּמָם עַל קִיר מִזְבַּחֲךָ לְרָצוֹן. וְנוֹדֶה לְךָ שִׁיר חָדָשׁ עַל גְּאֻלָּתֵנוּ וְעַל פְּדוּת נַפְשֵׁנוּ.

בָּרוּךְ אַתָּה יְיָ. גָּאַל יִשְׂרָאֵל.

הִנְנִי מוּכָן וּמְזֻמָּן לְקַיֵּם מִצְוַת כּוֹס שֵׁנִי שֶׁל אַרְבָּעָה כּוֹסוֹת. לְשֵׁם יִחוּד קוּדְשָׁא בְּרִיךְ הוּא וּשְׁכִינְתֵּיהּ. עַל יְדֵי הַהוּא טָמִיר וְנֶעְלָם בְּשֵׁם כָּל יִשְׂרָאֵל.

בָּרוּךְ אַתָּה יְיָ. אֱלֹהֵינוּ מֶלֶךְ הָעוֹלָם. בּוֹרֵא פְּרִי הַגָּפֶן.

שותים כוס שני בהסיבת שמאל

רָחְצָה

נוטלים הידים ומברכים

בָּרוּךְ אַתָּה יְיָ, אֱלֹהֵינוּ מֶלֶךְ הָעוֹלָם, אֲשֶׁר קִדְּשָׁנוּ בְּמִצְוֹתָיו וְצִוָּנוּ עַל נְטִילַת יָדָיִם.

מוֹצִיא

מגביהים את המצות ומברכים:

הִנְנִי מוּכָן וּמְזֻמָּן לְקַיֵּם מִצְוַת אֲכִילַת מַצָּה, לְשֵׁם יִחוּד קוּבּ״ה וּשְׁכִינְתֵּיהּ, עַל יְדֵי הַהוּא טָמִיר וְנֶעְלָם בְּשֵׁם כָּל יִשְׂרָאֵל.

בָּרוּךְ אַתָּה יְיָ, אֱלֹהֵינוּ מֶלֶךְ הָעוֹלָם, הַמּוֹצִיא לֶחֶם מִן הָאָרֶץ.

מַצָּה

ומבצעים מן המצה העליונה, מן החלק שנשאר מן המצה השנייה,
מברכים ואוכלים כזית בהסיבה

בָּרוּךְ אַתָּה יְיָ, אֱלֹהֵינוּ מֶלֶךְ הָעוֹלָם, אֲשֶׁר קִדְּשָׁנוּ בְּמִצְוֹתָיו וְצִוָּנוּ עַל אֲכִילַת מַצָּה.

מָרוֹר

נוטלים כזית מרור, טובלים אותו בחרוסת, מברכים ואוכלים בלי הסיבה

הִנְנִי מוּכָן וּמְזֻמָּן לְקַיֵּם מִצְוַת אֲכִילַת מָרוֹר, לְשֵׁם יִחוּד קוּדְשָׁא בְּרִיךְ הוּא וּשְׁכִינְתֵּיהּ, עַל יְדֵי הַהוּא טָמִיר וְנֶעְלָם בְּשֵׁם כָּל יִשְׂרָאֵל.

בָּרוּךְ אַתָּה יְיָ, אֱלֹהֵינוּ מֶלֶךְ הָעוֹלָם, אֲשֶׁר קִדְּשָׁנוּ בְּמִצְוֹתָיו וְצִוָּנוּ עַל אֲכִילַת מָרוֹר.

כּוֹרֵךְ:

לוקחים כזית מן המצה התחתונה, כורכים בכזית מרור ואומרים:

זֵכֶר לְמִקְדָּשׁ כְּהִלֵּל. כֵּן עָשָׂה הִלֵּל בִּזְמַן שֶׁבֵּית הַמִּקְדָּשׁ הָיָה קַיָּם, הָיָה כּוֹרֵךְ מַצָּה וּמָרוֹר וְאוֹכֵל בְּיַחַד, לְקַיֵּם מַה שֶּׁנֶּאֱמַר: עַל מַצּוֹת וּמְרוֹרִים יֹאכְלֻהוּ.

אוכלים ללא הסיבה

שֻׁלְחָן עוֹרֵךְ:

אוכלים ביצים קשות במי-מלח, אח"כ אוכלים סעודת החג

צָפוּן

לאחר הסעודה מחלק ראש המסובים את האפיקומן, מברכים ואוכלים כזית בהסיבה

הִנְנִי מוּכָן וּמְזֻמָּן לְקַיֵּם מִצְוַת אֲכִילַת אֲפִיקוֹמָן, לְשֵׁם יִחוּד קוּדְשָׁא בְּרִיךְ הוּא וּשְׁכִינְתֵּיהּ, עַל יְדֵי הַהוּא טָמִיר וְנֶעְלָם בְּשֵׁם כָּל יִשְׂרָאֵל.

אחרי האפיקומן אין לאכול כלום

בָּרֵךְ:

מוזגים כוס שלישי ומברכים ברכת המזון (עמוד 144 או 150)

בסיום ברכת המזון מברכים:

הִנְנִי מוּכָן וּמְזֻמָּן לְקַיֵּם מִצְוַת אֲכִילַת אֲפִיקוֹמָן.
לְשֵׁם יִחוּד קוּדְשָׁא בְּרִיךְ הוּא וּשְׁכִינְתֵּיהּ.
עַל יְדֵי הַהוּא טָמִיר וְנֶעְלָם בְּשֵׁם כָּל יִשְׂרָאֵל.

בָּרוּךְ אַתָּה יְיָ, אֱלֹהֵינוּ מֶלֶךְ הָעוֹלָם, בּוֹרֵא פְּרִי הַגָּפֶן.

שותים כוס שלישי בהסיבת שמאל

מוזגים כוס רביעי וממלאים
כוס של אליהו הנביא.
פותחים את הדלת ואומרים:

שְׁפֹךְ חֲמָתְךָ אֶל הַגּוֹיִם

אֲשֶׁר לֹא יְדָעוּךָ וְעַל מַמְלָכוֹת אֲשֶׁר בְּשִׁמְךָ לֹא
קָרָאוּ. כִּי אָכַל אֶת יַעֲקֹב וְאֶת נָוֵהוּ הֵשַׁמּוּ.

שְׁפָךְ עֲלֵיהֶם זַעְמֶךָ

וַחֲרוֹן אַפְּךָ יַשִּׂיגֵם. תִּרְדֹּף בְּאַף וְתַשְׁמִידֵם
מִתַּחַת שְׁמֵי יְיָ.

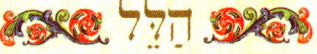

הַלֵּל

סוגרים את הדלת ואומרים:

לֹא לָנוּ יְיָ לֹא לָנוּ

כִּי לְשִׁמְךָ תֵּן כָּבוֹד עַל חַסְדְּךָ עַל אֲמִתֶּךָ. לָמָּה
יֹאמְרוּ הַגּוֹיִם: אַיֵּה נָא אֱלֹהֵיהֶם. וֵאלֹהֵינוּ בַשָּׁמָיִם.
כֹּל אֲשֶׁר חָפֵץ עָשָׂה. עֲצַבֵּיהֶם כֶּסֶף וְזָהָב מַעֲשֵׂה
יְדֵי אָדָם. פֶּה לָהֶם וְלֹא יְדַבֵּרוּ. עֵינַיִם לָהֶם
וְלֹא יִרְאוּ. אָזְנַיִם לָהֶם וְלֹא יִשְׁמָעוּ. אַף לָהֶם
וְלֹא יְרִיחוּן. יְדֵיהֶם וְלֹא יְמִישׁוּן. רַגְלֵיהֶם וְלֹא
יְהַלֵּכוּ. לֹא יֶהְגּוּ בִּגְרוֹנָם. כְּמוֹהֶם יִהְיוּ עֹשֵׂיהֶם.
כֹּל אֲשֶׁר בֹּטֵחַ בָּהֶם.

יִשְׂרָאֵל. בְּטַח בַּיְיָ.
עֶזְרָם וּמָגִנָּם הוּא.
בֵּית אַהֲרֹן. בִּטְחוּ בַיְיָ.
עֶזְרָם וּמָגִנָּם הוּא.
יִרְאֵי יְיָ. בִּטְחוּ בַיְיָ.
עֶזְרָם וּמָגִנָּם הוּא. יְיָ זְכָרָנוּ יְבָרֵךְ.
יְבָרֵךְ אֶת בֵּית יִשְׂרָאֵל. יְבָרֵךְ אֶת בֵּית אַהֲרֹן.
יְבָרֵךְ יִרְאֵי יְיָ הַקְּטַנִּים עִם הַגְּדוֹלִים.
יוֹסֵף יְיָ עֲלֵיכֶם. עֲלֵיכֶם וְעַל בְּנֵיכֶם.
בְּרוּכִים אַתֶּם לַיְיָ. עֹשֵׂה שָׁמַיִם וָאָרֶץ.
הַשָּׁמַיִם שָׁמַיִם לַיְיָ. וְהָאָרֶץ נָתַן לִבְנֵי אָדָם.
לֹא הַמֵּתִים יְהַלְלוּ יָהּ. וְלֹא כָּל יֹרְדֵי דוּמָה.
וַאֲנַחְנוּ נְבָרֵךְ יָהּ מֵעַתָּה וְעַד עוֹלָם.

הַלְלוּיָהּ.

אָהַבְתִּי כִּי יִשְׁמַע יְיָ אֶת קוֹלִי תַּחֲנוּנָי. כִּי הִטָּה אָזְנוֹ לִי. וּבְיָמַי אֶקְרָא. אֲפָפוּנִי חֶבְלֵי מָוֶת. וּמְצָרֵי שְׁאוֹל מְצָאוּנִי. צָרָה וְיָגוֹן אֶמְצָא. וּבְשֵׁם יְיָ אֶקְרָא: אָנָּה יְיָ מַלְּטָה נַפְשִׁי. חַנּוּן יְיָ וְצַדִּיק וֵאלֹהֵינוּ מְרַחֵם. שֹׁמֵר פְּתָאִים יְיָ. דַּלֹּתִי וְלִי יְהוֹשִׁיעַ. שׁוּבִי נַפְשִׁי לִמְנוּחָיְכִי

כִּי יְיָ גָּמַל עָלָיְכִי. כִּי חִלַּצְתָּ נַפְשִׁי מִמָּוֶת. אֶת
עֵינִי מִן דִּמְעָה. אֶת רַגְלִי מִדֶּחִי. אֶתְהַלֵּךְ לִפְנֵי
יְיָ בְּאַרְצוֹת הַחַיִּים. הֶאֱמַנְתִּי כִּי אֲדַבֵּר. אֲנִי
עָנִיתִי מְאֹד. אֲנִי אָמַרְתִּי בְחָפְזִי כָּל הָאָדָם כֹּזֵב.

מָה אָשִׁיב

לַיְיָ כָּל תַּגְמוּלוֹהִי עָלָי.
כּוֹס יְשׁוּעוֹת אֶשָּׂא וּבְשֵׁם יְיָ אֶקְרָא.
נְדָרַי לַיְיָ אֲשַׁלֵּם. נֶגְדָה נָּא לְכָל עַמּוֹ.
יָקָר בְּעֵינֵי יְיָ הַמָּוְתָה לַחֲסִידָיו. אָנָּה יְיָ כִּי
אֲנִי עַבְדֶּךָ. אֲנִי עַבְדְּךָ בֶּן אֲמָתֶךָ. פִּתַּחְתָּ
לְמוֹסֵרָי. לְךָ אֶזְבַּח זֶבַח תּוֹדָה וּבְשֵׁם יְיָ אֶקְרָא.
נְדָרַי לַיְיָ אֲשַׁלֵּם. נֶגְדָה נָּא לְכָל עַמּוֹ. בְּחַצְרוֹת
בֵּית יְיָ בְּתוֹכֵכִי יְרוּשָׁלָיִם.

הַלְלוּיָהּ.

הַלְלוּ אֶת יְיָ כָּל גּוֹיִם. שַׁבְּחוּהוּ כָּל הָאֻמִּים.
כִּי גָבַר עָלֵינוּ חַסְדּוֹ וֶאֱמֶת יְיָ לְעוֹלָם הַלְלוּיָהּ.

הוֹדוּ לַיְיָ כִּי טוֹב	כִּי לְעוֹלָם חַסְדּוֹ
יֹאמַר נָא יִשְׂרָאֵל	כִּי לְעוֹלָם חַסְדּוֹ
יֹאמְרוּ נָא בֵית אַהֲרֹן	כִּי לְעוֹלָם חַסְדּוֹ
יֹאמְרוּ נָא יִרְאֵי יְיָ	כִּי לְעוֹלָם חַסְדּוֹ

מִן הַמֵּצַר קָרָאתִי יָּהּ, עָנָנִי בַמֶּרְחָב יָהּ.
יְיָ לִי לֹא אִירָא, מַה יַּעֲשֶׂה לִי אָדָם.
יְיָ לִי בְּעֹזְרָי וַאֲנִי אֶרְאֶה בְשֹׂנְאָי.
טוֹב לַחֲסוֹת בַּייָ מִבְּטֹחַ בָּאָדָם.
טוֹב לַחֲסוֹת בַּייָ מִבְּטֹחַ בִּנְדִיבִים.
כָּל גּוֹיִם סְבָבוּנִי בְּשֵׁם יְיָ כִּי אֲמִילַם. סַבּוּנִי גַם
סְבָבוּנִי בְּשֵׁם יְיָ כִּי אֲמִילַם. סַבּוּנִי כִדְבוֹרִים,
דֹּעֲכוּ כְּאֵשׁ קוֹצִים בְּשֵׁם יְיָ כִּי אֲמִילַם.
דָּחֹה דְחִיתַנִי לִנְפֹּל וַייָ עֲזָרָנִי.
עָזִּי וְזִמְרָת יָהּ וַיְהִי לִי לִישׁוּעָה. קוֹל רִנָּה
וִישׁוּעָה בְּאָהֳלֵי צַדִּיקִים.
יְמִין יְיָ עֹשָׂה חָיִל, יְמִין יְיָ רוֹמֵמָה,
יְמִין יְיָ עֹשָׂה חָיִל.
לֹא אָמוּת כִּי אֶחְיֶה וַאֲסַפֵּר מַעֲשֵׂי יָהּ.
יַסֹּר יִסְּרַנִּי יָּהּ וְלַמָּוֶת לֹא נְתָנָנִי.

פִּתְחוּ־לִי שַׁעֲרֵי־צֶדֶק.

אָבֹא־בָם אוֹדֶה יָהּ.
זֶה הַשַּׁעַר לַייָ צַדִּיקִים יָבֹאוּ בוֹ.
אוֹדְךָ כִּי עֲנִיתָנִי וַתְּהִי לִי לִישׁוּעָה. אוֹדְךָ...
אֶבֶן מָאֲסוּ הַבּוֹנִים הָיְתָה לְרֹאשׁ פִּנָּה. אֶבֶן...
מֵאֵת יְיָ הָיְתָה זֹּאת הִיא נִפְלָאת בְּעֵינֵינוּ. מֵאֵת...
זֶה הַיּוֹם עָשָׂה יְיָ נָגִילָה וְנִשְׂמְחָה בוֹ. זֶה הַיּוֹם...

אָנָּא יְיָ הוֹשִׁיעָה נָּא
אָנָּא יְיָ הוֹשִׁיעָה נָּא
אָנָּא יְיָ הַצְלִיחָה נָא
אָנָּא יְיָ הַצְלִיחָה נָא

בָּרוּךְ הַבָּא בְּשֵׁם יְיָ. בֵּרַכְנוּכֶם מִבֵּית יְיָ. בָּרוּךְ...
אֵל יְיָ וַיָּאֶר לָנוּ אִסְרוּ חַג בַּעֲבֹתִים
עַד קַרְנוֹת הַמִּזְבֵּחַ. אֵל יְיָ...
אֵלִי אַתָּה וְאוֹדֶךָּ, אֱלֹהַי אֲרוֹמְמֶךָּ. אֵלִי...
הוֹדוּ לַייָ כִּי טוֹב כִּי לְעוֹלָם חַסְדּוֹ. הוֹדוּ...

יְהַלְלוּךָ

יְיָ אֱלֹהֵינוּ (עַל) כָּל מַעֲשֶׂיךָ,
וַחֲסִידֶיךָ צַדִּיקִים עוֹשֵׂי רְצוֹנֶךָ,
וְכָל עַמְּךָ בֵּית יִשְׂרָאֵל בְּרִנָּה יוֹדוּ וִיבָרְכוּ.
וִישַׁבְּחוּ וִיפָאֲרוּ. וִירוֹמְמוּ וְיַעֲרִיצוּ.
וְיַקְדִּישׁוּ וְיַמְלִיכוּ אֶת שִׁמְךָ מַלְכֵּנוּ.
כִּי לְךָ טוֹב לְהוֹדוֹת וּלְשִׁמְךָ נָאֶה לְזַמֵּר.
כִּי מֵעוֹלָם וְעַד עוֹלָם אַתָּה אֵל.

הוֹדוּ לַייָ כִּי טוֹב כִּי לְעוֹלָם חַסְדּוֹ
הוֹדוּ לֵאלֹהֵי הָאֱלֹהִים כִּי לְעוֹלָם חַסְדּוֹ
הוֹדוּ לַאֲדֹנֵי הָאֲדֹנִים כִּי לְעוֹלָם חַסְדּוֹ
לְעוֹשֵׂה נִפְלָאוֹת גְּדוֹלוֹת לְבַדּוֹ כִּי לְעוֹלָם חַסְדּוֹ
לְעוֹשֵׂה הַשָּׁמַיִם בִּתְבוּנָה כִּי לְעוֹלָם חַסְדּוֹ
לְרוֹקַע הָאָרֶץ עַל הַמָּיִם כִּי לְעוֹלָם חַסְדּוֹ
לְעוֹשֵׂה אוֹרִים גְּדוֹלִים כִּי לְעוֹלָם חַסְדּוֹ
אֶת הַשֶּׁמֶשׁ לְמֶמְשֶׁלֶת בַּיּוֹם כִּי לְעוֹלָם חַסְדּוֹ
אֶת הַיָּרֵחַ וְכוֹכָבִים לְמֶמְשְׁלוֹת בַּלָּיְלָה כִּי לְעוֹלָם חַסְדּוֹ
לְמַכֵּה מִצְרַיִם בִּבְכוֹרֵיהֶם כִּי לְעוֹלָם חַסְדּוֹ
וַיּוֹצֵא יִשְׂרָאֵל מִתּוֹכָם כִּי לְעוֹלָם חַסְדּוֹ
בְּיָד חֲזָקָה וּבִזְרוֹעַ נְטוּיָה כִּי לְעוֹלָם חַסְדּוֹ
לְגוֹזֵר יַם סוּף לִגְזָרִים כִּי לְעוֹלָם חַסְדּוֹ
וְהֶעֱבִיר יִשְׂרָאֵל בְּתוֹכוֹ כִּי לְעוֹלָם חַסְדּוֹ
וְנִעֵר פַּרְעֹה וְחֵילוֹ בְיַם סוּף כִּי לְעוֹלָם חַסְדּוֹ
לְמוֹלִיךְ עַמּוֹ בַּמִּדְבָּר כִּי לְעוֹלָם חַסְדּוֹ
לְמַכֵּה מְלָכִים גְּדוֹלִים כִּי לְעוֹלָם חַסְדּוֹ
וַיַּהֲרֹג מְלָכִים אַדִּירִים כִּי לְעוֹלָם חַסְדּוֹ
לְסִיחוֹן מֶלֶךְ הָאֱמֹרִי כִּי לְעוֹלָם חַסְדּוֹ
וּלְעוֹג מֶלֶךְ הַבָּשָׁן כִּי לְעוֹלָם חַסְדּוֹ
וְנָתַן אַרְצָם לְנַחֲלָה כִּי לְעוֹלָם חַסְדּוֹ
נַחֲלָה לְיִשְׂרָאֵל עַבְדּוֹ כִּי לְעוֹלָם חַסְדּוֹ
שֶׁבְּשִׁפְלֵנוּ זָכַר לָנוּ כִּי לְעוֹלָם חַסְדּוֹ
וַיִּפְרְקֵנוּ מִצָּרֵינוּ כִּי לְעוֹלָם חַסְדּוֹ
נוֹתֵן לֶחֶם לְכָל בָּשָׂר כִּי לְעוֹלָם חַסְדּוֹ
הוֹדוּ לְאֵל הַשָּׁמָיִם כִּי לְעוֹלָם חַסְדּוֹ

נִשְׁמַת כָּל חַי

תְּבָרֵךְ אֶת שִׁמְךָ. יְיָ אֱלֹהֵינוּ. וְרוּחַ כָּל בָּשָׂר תְּפָאֵר וּתְרוֹמֵם זִכְרְךָ מַלְכֵּנוּ תָּמִיד. מִן הָעוֹלָם וְעַד הָעוֹלָם אַתָּה אֵל. וּמִבַּלְעָדֶיךָ אֵין לָנוּ מֶלֶךְ גּוֹאֵל וּמוֹשִׁיעַ. פּוֹדֶה וּמַצִּיל וּמְפַרְנֵס וּמְרַחֵם בְּכָל עֵת צָרָה וְצוּקָה. אֵין לָנוּ מֶלֶךְ אֶלָּא אָתָּה. אֱלֹהֵי הָרִאשׁוֹנִים וְהָאַחֲרוֹנִים. אֱלוֹהַּ כָּל בְּרִיּוֹת. אֲדוֹן כָּל תּוֹלָדוֹת. הַמְהֻלָּל בְּרוֹב הַתִּשְׁבָּחוֹת. הַמְנַהֵג עוֹלָמוֹ בְּחֶסֶד וּבְרִיּוֹתָיו בְּרַחֲמִים. וַייָ לֹא יָנוּם וְלֹא יִישָׁן. הַמְעוֹרֵר יְשֵׁנִים. וְהַמֵּקִיץ נִרְדָּמִים. וְהַמֵּשִׂיחַ אִלְּמִים. וְהַמַּתִּיר אֲסוּרִים. וְהַסּוֹמֵךְ נוֹפְלִים. וְהַזּוֹקֵף כְּפוּפִים. לְךָ לְבַדְּךָ אֲנַחְנוּ מוֹדִים. אִלּוּ פִינוּ מָלֵא שִׁירָה כַּיָּם. וּלְשׁוֹנֵנוּ רִנָּה כַּהֲמוֹן גַּלָּיו. וְשִׂפְתוֹתֵינוּ שֶׁבַח כְּמֶרְחֲבֵי רָקִיעַ. וְעֵינֵינוּ מְאִירוֹת כַּשֶּׁמֶשׁ וְכַיָּרֵחַ. וְיָדֵינוּ פְרוּשׂוֹת כְּנִשְׁרֵי שָׁמָיִם. וְרַגְלֵינוּ קַלּוֹת כָּאַיָּלוֹת. אֵין אֲנַחְנוּ מַסְפִּיקִים לְהוֹדוֹת לְךָ. יְיָ אֱלֹהֵינוּ וֵאלֹהֵי אֲבוֹתֵינוּ. וּלְבָרֵךְ אֶת שְׁמֶךָ. עַל אַחַת מֵאָלֶף אֶלֶף אַלְפֵי אֲלָפִים וְרִבֵּי רְבָבוֹת פְּעָמִים הַטּוֹבוֹת שֶׁעָשִׂיתָ עִם אֲבוֹתֵינוּ וְעִמָּנוּ. מִמִּצְרַיִם גְּאַלְתָּנוּ. יְיָ אֱלֹהֵינוּ. וּמִבֵּית עֲבָדִים פְּדִיתָנוּ. בְּרָעָב זַנְתָּנוּ. וּבְשָׂבָע כִּלְכַּלְתָּנוּ. מֵחֶרֶב הִצַּלְתָּנוּ. וּמִדֶּבֶר מִלַּטְתָּנוּ. וּמֵחֳלָיִם רָעִים וְנֶאֱמָנִים דִּלִּיתָנוּ. עַד הֵנָּה עֲזָרוּנוּ רַחֲמֶיךָ. וְלֹא עֲזָבוּנוּ חֲסָדֶיךָ. וְאַל תִּטְּשֵׁנוּ. יְיָ אֱלֹהֵינוּ. לָנֶצַח. עַל כֵּן אֵבָרִים שֶׁפִּלַּגְתָּ בָּנוּ. וְרוּחַ וּנְשָׁמָה שֶׁנָּפַחְתָּ בְּאַפֵּינוּ. וְלָשׁוֹן אֲשֶׁר שַׂמְתָּ בְּפִינוּ.

הֵן הֵם יוֹדוּ וִיבָרְכוּ וִישַׁבְּחוּ וִיפָאֲרוּ וִירוֹמְמוּ וְיַעֲרִיצוּ
וְיַקְדִּישׁוּ וְיַמְלִיכוּ אֶת שִׁמְךָ מַלְכֵּנוּ. כִּי כָל פֶּה לְךָ
יוֹדֶה. וְכָל לָשׁוֹן לְךָ תִשָּׁבַע. וְכָל בֶּרֶךְ לְךָ תִכְרַע.
וְכָל קוֹמָה לְפָנֶיךָ תִשְׁתַּחֲוֶה. וְכָל לְבָבוֹת יִירָאוּךָ.
וְכָל קֶרֶב וּכְלָיוֹת יְזַמְּרוּ לִשְׁמֶךָ. כַּדָּבָר שֶׁכָּתוּב: כָּל
עַצְמוֹתַי תֹּאמַרְנָה יְיָ מִי כָמוֹךָ. מַצִּיל עָנִי מֵחָזָק מִמֶּנּוּ
וְעָנִי וְאֶבְיוֹן מִגֹּזְלוֹ. מִי יִדְמֶה לָּךְ וּמִי יִשְׁוֶה לָּךְ וּמִי
יַעֲרָךְ לָךְ. הָאֵל הַגָּדוֹל הַגִּבּוֹר וְהַנּוֹרָא אֵל עֶלְיוֹן
קוֹנֵה שָׁמַיִם וָאָרֶץ. נְהַלֶּלְךָ וּנְשַׁבֵּחֲךָ
וּנְפָאֶרְךָ וּנְבָרֵךְ אֶת שֵׁם קָדְשֶׁךָ. כָּאָמוּר:
לְדָוִד בָּרְכִי נַפְשִׁי אֶת יְיָ. וְכָל קְרָבַי אֶת שֵׁם קָדְשׁוֹ.

הָאֵל בְּתַעֲצוּמוֹת עֻזֶּךָ.

הַגָּדוֹל בִּכְבוֹד שְׁמֶךָ. הַגִּבּוֹר לָנֶצַח וְהַנּוֹרָא בְּנוֹרְאוֹתֶיךָ.
הַמֶּלֶךְ הַיּוֹשֵׁב עַל כִּסֵּא רָם וְנִשָּׂא: שׁוֹכֵן עַד מָרוֹם
וְקָדוֹשׁ שְׁמוֹ. וְכָתוּב: רַנְּנוּ צַדִּיקִים בַּייָ. לַיְשָׁרִים נָאוָה
תְהִלָּה. בְּפִי יְשָׁרִים תִּתְהַלָּל. וּבְדִבְרֵי צַדִּיקִים
תִּתְבָּרַךְ. וּבִלְשׁוֹן חֲסִידִים תִּתְרוֹמָם. וּבְקֶרֶב קְדוֹשִׁים
תִּתְקַדָּשׁ. וּבְמַקְהֲלוֹת רִבְבוֹת עַמְּךָ בֵּית יִשְׂרָאֵל.
בְּרִנָּה יִתְפָּאַר שִׁמְךָ מַלְכֵּנוּ בְּכָל דּוֹר וָדוֹר. שֶׁכֵּן
חוֹבַת כָּל הַיְצוּרִים לְפָנֶיךָ. יְיָ אֱלֹהֵינוּ וֵאלֹהֵי אֲבוֹתֵינוּ.
לְהוֹדוֹת. לְהַלֵּל. לְשַׁבֵּחַ. לְפָאֵר. לְרוֹמֵם. לְהַדֵּר.
לְבָרֵךְ. לְעַלֵּה וּלְקַלֵּס עַל כָּל דִּבְרֵי שִׁירוֹת וְתִשְׁבְּחוֹת
דָּוִד בֶּן יִשַׁי עַבְדְּךָ מְשִׁיחֶךָ.

יִשְׁתַּבַּח שִׁמְךָ

לָעַד מַלְכֵּנוּ. הָאֵל הַמֶּלֶךְ הַגָּדוֹל וְהַקָּדוֹשׁ בַּשָּׁמַיִם וּבָאָרֶץ. כִּי לְךָ נָאֶה יְיָ אֱלֹהֵינוּ וֵאלֹהֵי אֲבוֹתֵינוּ. שִׁיר וּשְׁבָחָה. הַלֵּל וְזִמְרָה. עֹז וּמֶמְשָׁלָה. נֶצַח. גְּדֻלָּה וּגְבוּרָה. תְּהִלָּה וְתִפְאֶרֶת. קְדֻשָּׁה וּמַלְכוּת. בְּרָכוֹת וְהוֹדָאוֹת מֵעַתָּה וְעַד עוֹלָם. בָּרוּךְ אַתָּה יְיָ אֵל מֶלֶךְ גָּדוֹל בַּתִּשְׁבָּחוֹת. אֵל הַהוֹדָאוֹת. אֲדוֹן הַנִּפְלָאוֹת. הַבּוֹחֵר בְּשִׁירֵי זִמְרָה. מֶלֶךְ אֵל חֵי הָעוֹלָמִים.

הִנְנִי מוּכָן וּמְזֻמָּן לְקַיֵּם מִצְוַת כּוֹס רְבִיעִי שֶׁל אַרְבָּעָה כּוֹסוֹת. לְשֵׁם יִחוּד קוּדְשָׁא בְּרִיךְ הוּא וּשְׁכִינְתֵּיהּ. עַל יְדֵי הַהוּא טָמִיר וְנֶעְלָם בְּשֵׁם כָּל יִשְׂרָאֵל.

בָּרוּךְ אַתָּה יְיָ. אֱלֹהֵינוּ מֶלֶךְ הָעוֹלָם. בּוֹרֵא פְּרִי הַגָּפֶן.

שותים כוס רביעי בהסיבת שמאל
ומברכים ברכה אחרונה:

בָּרוּךְ אַתָּה יְיָ. אֱלֹהֵינוּ מֶלֶךְ הָעוֹלָם. עַל הַגֶּפֶן וְעַל פְּרִי הַגֶּפֶן. וְעַל תְּנוּבַת הַשָּׂדֶה. וְעַל אֶרֶץ חֶמְדָּה טוֹבָה וּרְחָבָה. שֶׁרָצִיתָ וְהִנְחַלְתָּ לַאֲבוֹתֵינוּ לֶאֱכוֹל מִפִּרְיָהּ וְלִשְׂבּוֹעַ מִטּוּבָהּ. רַחֵם נָא. יְיָ אֱלֹהֵינוּ. עַל יִשְׂרָאֵל עַמֶּךָ וְעַל יְרוּשָׁלַיִם עִירֶךָ וְעַל צִיּוֹן מִשְׁכַּן כְּבוֹדֶךָ. וְעַל מִזְבְּחֶךָ וְעַל הֵיכָלֶךָ וּבְנֵה יְרוּשָׁלַיִם עִיר הַקֹּדֶשׁ בִּמְהֵרָה בְיָמֵינוּ. וְהַעֲלֵנוּ לְתוֹכָהּ. וְשַׂמְּחֵנוּ בְּבִנְיָנָהּ. וְנֹאכַל מִפִּרְיָהּ. וְנִשְׂבַּע מִטּוּבָהּ. וּנְבָרֶכְךָ עָלֶיהָ בִּקְדֻשָּׁה וּבְטָהֳרָה. (בשבת וּרְצֵה וְהַחֲלִיצֵנוּ בְּיוֹם הַשַּׁבָּת הַזֶּה.) וְשַׂמְּחֵנוּ בְּיוֹם חַג הַמַּצּוֹת הַזֶּה. כִּי אַתָּה. יְיָ. טוֹב וּמֵטִיב לַכֹּל וְנוֹדֶה לְךָ עַל הָאָרֶץ וְעַל פְּרִי הַגָּפֶן.

בָּרוּךְ אַתָּה יְיָ עַל הָאָרֶץ וְעַל פְּרִי גַפְנָהּ.

נִרְצָה

חֲסַל סִדּוּר פֶּסַח כְּהִלְכָתוֹ. כְּכָל מִשְׁפָּטוֹ וְחֻקָּתוֹ.
כַּאֲשֶׁר זָכִינוּ לְסַדֵּר אוֹתוֹ. כֵּן נִזְכֶּה לַעֲשׂוֹתוֹ.
זָךְ שׁוֹכֵן מְעוֹנָה. קוֹמֵם קְהַל עֲדַת מִי מָנָה.
בְּקָרוֹב נַהֵל נִטְעֵי כַנָּה. פְּדוּיִם לְצִיּוֹן בְּרִנָּה.

לַשָּׁנָה הַבָּאָה בִּירוּשָׁלַיִם הַבְּנוּיָה

סדר ספירת העומר

בחו"ל, בליל שני של פסח, מתחילים ספירת העומר

בָּרוּךְ אַתָּה יְיָ, אֱלֹהֵינוּ מֶלֶךְ הָעוֹלָם, אֲשֶׁר קִדְּשָׁנוּ בְּמִצְוֹתָיו וְצִוָּנוּ עַל סְפִירַת הָעֹמֶר:

הַיּוֹם יוֹם אֶחָד לָעֹמֶר

יְהִי רָצוֹן מִלְּפָנֶיךָ יְיָ אֱלֹהֵינוּ וֵאלֹהֵי אֲבוֹתֵינוּ, שֶׁיִּבָּנֶה בֵּית הַמִּקְדָּשׁ בִּמְהֵרָה בְיָמֵינוּ, וְתֵן חֶלְקֵנוּ בְּתוֹרָתֶךָ.

בחו"ל, בליל ראשון של פסח, אומרים:

וּבְכֵן וַיְהִי בַּחֲצִי הַלַּיְלָה

אָז רוֹב נִסִּים הִפְלֵאתָ בַּלַּיְלָה
בְּרֹאשׁ אַשְׁמֹרֶת זֶה הַלַּיְלָה
גֵּר צֶדֶק נִצַּחְתּוֹ כְּנֶחֱלַק לוֹ לַיְלָה
וַיְהִי בַּחֲצִי הַלַּיְלָה
דַּנְתָּ מֶלֶךְ גְּרָר בַּחֲלוֹם הַלַּיְלָה
הִפְחַדְתָּ אֲרַמִּי בְּאֶמֶשׁ לַיְלָה
וַיָּשַׂר יִשְׂרָאֵל לְמַלְאָךְ וַיּוּכַל לוֹ לַיְלָה
וַיְהִי בַּחֲצִי הַלַּיְלָה

זֶרַע בְּכוֹרֵי פַתְרוֹס מָחַצְתָּ בַּחֲצִי הַלַּיְלָה חֵילָם לֹא מָצְאוּ בְּקוּמָם בַּלַּיְלָה

טִיסַת נְגִיד חֲרֹשֶׁת סִלִּיתָ בְּכוֹכְבֵי לַיְלָה וַיְהִי בַּחֲצִי הַלַּיְלָה

יָעַץ מְחָרֵף לְנוֹפֵף אִוּוּי הוֹבַשְׁתָּ פְגָרָיו בַּלַּיְלָה כָּרַע בֵּל וּמַצָּבוֹ בְּאִישׁוֹן לַיְלָה

לְאִישׁ חֲמוּדוֹת נִגְלָה רָז חָזוֹת לַיְלָה וַיְהִי בַּחֲצִי הַלַּיְלָה

מִשְׁתַּכֵּר בִּכְלֵי קֹדֶשׁ נֶהֱרַג בּוֹ בַּלַּיְלָה נוֹשַׁע מִבּוֹר אֲרָיוֹת פּוֹתֵר בִּעֲתוּתֵי לַיְלָה

שִׂנְאָה נָטַר אֲגָגִי וְכָתַב סְפָרִים בַּלַּיְלָה וַיְהִי בַּחֲצִי הַלַּיְלָה

עוֹרַרְתָּ נִצְחֲךָ עָלָיו בְּנֶדֶד שְׁנַת לַיְלָה פּוּרָה תִדְרוֹךְ לְשׁוֹמֵר מַה מִלַּיְלָה

צָרַח כַּשּׁוֹמֵר וְשָׂח אָתָה בֹקֶר וְגַם לַיְלָה וַיְהִי בַּחֲצִי הַלַּיְלָה

קָרֵב יוֹם אֲשֶׁר הוּא לֹא יוֹם וְלֹא לַיְלָה רָם הוֹדַע כִּי לְךָ הַיּוֹם אַף לְךָ הַלַּיְלָה

שׁוֹמְרִים הַפְקֵד לְעִירְךָ כָּל הַיּוֹם וְכָל הַלַּיְלָה תָּאִיר כְּאוֹר יוֹם חֶשְׁכַת לַיְלָה

וַיְהִי בַּחֲצִי הַלַּיְלָה

כִּי לוֹ נָאֶה. כִּי לוֹ יָאֶה.

| אַדִּיר בִּמְלוּכָה | בָּחוּר כַּהֲלָכָה | גְּדוּדָיו יֹאמְרוּ לוֹ: |

לְךָ וּלְךָ. לְךָ כִּי לְךָ. לְךָ אַף לְךָ. לְךָ יְיָ הַמַּמְלָכָה. כִּי לוֹ נָאֶה. כִּי לוֹ יָאֶה.

דָּגוּל בִּמְלוּכָה	הָדוּר כַּהֲלָכָה	וָתִיקָיו יֹאמְרוּ לוֹ :	לְךָ וּלְךָ
זַכַּאי בִּמְלוּכָה	חָסִין כַּהֲלָכָה	טַפְסְרָיו יֹאמְרוּ לוֹ :	לְךָ וּלְךָ
יָחִיד בִּמְלוּכָה	כַּבִּיר כַּהֲלָכָה	לִמּוּדָיו יֹאמְרוּ לוֹ :	לְךָ וּלְךָ
מֶלֶךְ בִּמְלוּכָה	נוֹרָא כַּהֲלָכָה	סְבִיבָיו יֹאמְרוּ לוֹ :	לְךָ וּלְךָ
עָנָו בִּמְלוּכָה	פּוֹדֶה כַּהֲלָכָה	צַדִּיקָיו יֹאמְרוּ לוֹ :	לְךָ וּלְךָ
קָדוֹשׁ בִּמְלוּכָה	רַחוּם כַּהֲלָכָה	שִׁנְאַנָּיו יֹאמְרוּ לוֹ :	לְךָ וּלְךָ
תַּקִּיף בִּמְלוּכָה	תּוֹמֵךְ כַּהֲלָכָה	תְּמִימָיו יֹאמְרוּ לוֹ :	לְךָ וּלְךָ

בחו"ל, בליל שני
של פסח, אומרים:

וּבְכֵן וַאֲמַרְתֶּם זֶבַח פֶּסַח

אֹמֶץ גְּבוּרוֹתֶיךָ הִפְלֵאתָ בַּפֶּסַח   בְּרֹאשׁ כָּל מוֹעֲדוֹת נִשֵּׂאתָ פֶּסַח
גִּלִּיתָ לְאֶזְרָחִי חֲצוֹת לֵיל פֶּסַח   וַאֲמַרְתֶּם זֶבַח פֶּסַח
דְּלָתָיו דָּפַקְתָּ כְּחֹם הַיּוֹם בַּפֶּסַח   הִסְעִיד נוֹצְצִים עֻגוֹת מַצּוֹת בַּפֶּסַח
וְאֶל הַבָּקָר רָץ זֵכֶר לְשׁוֹר עֵרֶךְ פֶּסַח   וַאֲמַרְתֶּם זֶבַח פֶּסַח
זֹעֲמוּ סְדוֹמִים וְלֹהֲטוּ בָּאֵשׁ בַּפֶּסַח   חֻלַּץ לוֹט מֵהֶם וּמַצּוֹת אָפָה בְּקֵץ פֶּסַח
טִאטֵאתָ אַדְמַת מוֹף וְנוֹף בְּעָבְרְךָ בַּפֶּסַח   וַאֲמַרְתֶּם זֶבַח פֶּסַח
יָהּ רֹאשׁ כָּל אוֹן מָחַצְתָּ בְּלֵיל שִׁמּוּר פֶּסַח   כַּבִּיר עַל בֵּן בְּכוֹר פָּסַחְתָּ בְּדַם פֶּסַח
לְבִלְתִּי תֵּת מַשְׁחִית לָבֹא בִּפְתָחַי בַּפֶּסַח   וַאֲמַרְתֶּם זֶבַח פֶּסַח
מְסֻגֶּרֶת סֻגָּרָה בְּעִתּוֹתֵי פֶּסַח   נִשְׁמְדָה מִדְיָן בִּצְלִיל שְׂעוֹרֵי עֹמֶר פֶּסַח
שֹׂרְפוּ מִשְׁמַנֵּי פּוּל וְלוּד בִּיקַד יְקוֹד פֶּסַח   וַאֲמַרְתֶּם זֶבַח פֶּסַח
עוֹד הַיּוֹם בְּנֹב לַעֲמוֹד עַד גָּעָה עוֹנַת פֶּסַח   פַּס יַד כָּתְבָה לְקַעֲקֵעַ צוּל בַּפֶּסַח
צָפֹה הַצָּפִית עָרוֹךְ הַשֻּׁלְחָן בַּפֶּסַח   וַאֲמַרְתֶּם זֶבַח פֶּסַח
קָהָל כִּנְּסָה הֲדַסָּה צוֹם לְשַׁלֵּשׁ בַּפֶּסַח   רֹאשׁ מִבֵּית רָשָׁע מָחַצְתָּ בְּעֵץ חֲמִשִּׁים בַּפֶּסַח
שְׁתֵּי אֵלֶּה רֶגַע תָּבִיא לְעוּצִית בַּפֶּסַח   תָּעֹז יָדְךָ וְתָרוּם יְמִינְךָ כְּלֵיל הִתְקַדֵּשׁ חַג פֶּסַח

וַאֲמַרְתֶּם זֶבַח פֶּסַח

אַדִּיר הוּא, אַדִּיר הוּא

יִבְנֶה בֵיתוֹ בְּקָרוֹב בִּמְהֵרָה בִּמְהֵרָה בְּיָמֵינוּ בְּקָרוֹב
אֵל בְּנֵה, אֵל בְּנֵה, בְּנֵה בֵיתְךָ בְּקָרוֹב.

בָּחוּר הוּא	גָּדוֹל הוּא	דָּגוּל הוּא	יבנה ביתו
הָדוּר הוּא	וָתִיק הוּא	זַכַּאי הוּא	יבנה ביתו
חָסִיד הוּא	טָהוֹר הוּא	יָחִיד הוּא	יבנה ביתו
כַּבִּיר הוּא	לָמוּד הוּא	מֶלֶךְ הוּא	יבנה ביתו
נָאוֹר הוּא	סַגִּיב הוּא	עִזּוּז הוּא	יבנה ביתו
פּוֹדֶה הוּא	צַדִּיק הוּא	קָדוֹשׁ הוּא	יבנה ביתו
רַחוּם הוּא	שַׁדַּי הוּא	תַּקִּיף הוּא	יבנה ביתו

אֶחָד מִי יוֹדֵעַ

♦ אֶחָד אֲנִי יוֹדֵעַ ♦ אֶחָד אֱלֹהֵינוּ ♦ שֶׁבַּשָּׁמַיִם וּבָאָרֶץ ♦

שְׁנַיִם מִי יוֹדֵעַ

♦ שְׁנַיִם אֲנִי יוֹדֵעַ ♦ שְׁנֵי לוּחוֹת הַבְּרִית ♦ אֶחָד אֱלֹהֵינוּ ♦ שֶׁבַּשָּׁמַיִם וּבָאָרֶץ ♦

שְׁלֹשָׁה מִי יוֹדֵעַ

♦ שְׁלֹשָׁה אֲנִי יוֹדֵעַ ♦ שְׁלֹשָׁה אָבוֹת ♦ שְׁנֵי לוּחוֹת הַבְּרִית ♦ אֶחָד אֱלֹהֵינוּ
♦ שֶׁבַּשָּׁמַיִם וּבָאָרֶץ ♦

אַרְבַּע מִי יוֹדֵעַ

♦ אַרְבַּע אֲנִי יוֹדֵעַ ♦ אַרְבַּע אִמָּהוֹת ♦ שְׁלֹשָׁה אָבוֹת ♦ שְׁנֵי לוּחוֹת הַבְּרִית
♦ אֶחָד אֱלֹהֵינוּ ♦ שֶׁבַּשָּׁמַיִם וּבָאָרֶץ ♦

חֲמִשָּׁה מִי יוֹדֵעַ

♦ חֲמִשָּׁה אֲנִי יוֹדֵעַ ♦ חֲמִשָּׁה חֻמְשֵׁי תוֹרָה ♦ אַרְבַּע אִמָּהוֹת
♦ שְׁלֹשָׁה אָבוֹת ♦ שְׁנֵי לוּחוֹת הַבְּרִית ♦ אֶחָד אֱלֹהֵינוּ ♦ שֶׁבַּשָּׁמַיִם וּבָאָרֶץ ♦

שִׁשָּׁה מִי יוֹדֵעַ

♦ שִׁשָּׁה אֲנִי יוֹדֵעַ ♦ שִׁשָּׁה סִדְרֵי מִשְׁנָה ♦ חֲמִשָּׁה חֻמְשֵׁי תוֹרָה ♦ אַרְבַּע אִמָּהוֹת ♦
♦ שְׁלֹשָׁה אָבוֹת ♦ שְׁנֵי לוּחוֹת הַבְּרִית ♦ אֶחָד אֱלֹהֵינוּ ♦ שֶׁבַּשָּׁמַיִם וּבָאָרֶץ ♦

שִׁבְעָה מִי יוֹדֵעַ

♦ שִׁבְעָה אֲנִי יוֹדֵעַ ♦ שִׁבְעָה יְמֵי שַׁבַּתָּא ♦ שִׁשָּׁה סִדְרֵי מִשְׁנָה
♦ חֲמִשָּׁה חֻמְשֵׁי תוֹרָה ♦ אַרְבַּע אִמָּהוֹת ♦ שְׁלֹשָׁה אָבוֹת
♦ שְׁנֵי לוּחוֹת הַבְּרִית ♦ אֶחָד אֱלֹהֵינוּ ♦ שֶׁבַּשָּׁמַיִם וּבָאָרֶץ ♦

שְׁמוֹנָה מִי יוֹדֵעַ

♦ שְׁמוֹנָה אֲנִי יוֹדֵעַ ♦ שְׁמוֹנָה יְמֵי מִילָה ♦ שִׁבְעָה יְמֵי שַׁבַּתָּא
♦ שִׁשָּׁה סִדְרֵי מִשְׁנָה ♦ חֲמִשָּׁה חֻמְשֵׁי תוֹרָה ♦ אַרְבַּע אִמָּהוֹת
♦ שְׁלֹשָׁה אָבוֹת ♦ שְׁנֵי לוּחוֹת הַבְּרִית ♦ אֶחָד אֱלֹהֵינוּ ♦ שֶׁבַּשָּׁמַיִם וּבָאָרֶץ ♦

תִּשְׁעָה מִי יוֹדֵעַ

♦ תִּשְׁעָה אֲנִי יוֹדֵעַ ♦ תִּשְׁעָה יַרְחֵי לֵידָה ♦ שְׁמוֹנָה יְמֵי מִילָה ♦ שִׁבְעָה יְמֵי שַׁבַּתָּא ♦
♦ שִׁשָּׁה סִדְרֵי מִשְׁנָה ♦ חֲמִשָּׁה חֻמְשֵׁי תוֹרָה ♦ אַרְבַּע אִמָּהוֹת ♦
♦ שְׁלֹשָׁה אָבוֹת ♦ שְׁנֵי לוּחוֹת הַבְּרִית ♦ אֶחָד אֱלֹהֵינוּ ♦ שֶׁבַּשָּׁמַיִם וּבָאָרֶץ ♦

עֲשָׂרָה מִי יוֹדֵעַ

♦ עֲשָׂרָה אֲנִי יוֹדֵעַ ♦ עֲשָׂרָה דִבְּרַיָּא ♦ תִּשְׁעָה יַרְחֵי לֵידָה ♦ שְׁמוֹנָה יְמֵי מִילָה ♦
♦ שִׁבְעָה יְמֵי שַׁבַּתָּא ♦ שִׁשָּׁה סִדְרֵי מִשְׁנָה ♦ חֲמִשָּׁה חֻמְשֵׁי תוֹרָה ♦
♦ אַרְבַּע אִמָּהוֹת ♦ שְׁלֹשָׁה אָבוֹת ♦ שְׁנֵי לוּחוֹת הַבְּרִית ♦ אֶחָד אֱלֹהֵינוּ ♦
♦ שֶׁבַּשָּׁמַיִם וּבָאָרֶץ ♦

אַחַד עָשָׂר מִי יוֹדֵעַ

♦ אַחַד עָשָׂר אֲנִי יוֹדֵעַ ♦ אַחַד עָשָׂר כּוֹכְבַיָּא ♦ עֲשָׂרָה דִבְּרַיָּא ♦
♦ תִּשְׁעָה יַרְחֵי לֵידָה ♦ שְׁמוֹנָה יְמֵי מִילָה ♦ שִׁבְעָה יְמֵי שַׁבַּתָּא ♦
♦ שִׁשָּׁה סִדְרֵי מִשְׁנָה ♦ חֲמִשָּׁה חֻמְשֵׁי תוֹרָה ♦ אַרְבַּע אִמָּהוֹת ♦
♦ שְׁלֹשָׁה אָבוֹת ♦ שְׁנֵי לוּחוֹת הַבְּרִית ♦ אֶחָד אֱלֹהֵינוּ ♦ שֶׁבַּשָּׁמַיִם וּבָאָרֶץ ♦

שְׁנֵים עָשָׂר מִי יוֹדֵעַ

♦ שְׁנֵים עָשָׂר אֲנִי יוֹדֵעַ ♦ שְׁנֵים עָשָׂר שִׁבְטַיָּא ♦ אַחַד עָשָׂר כּוֹכְבַיָּא ♦
♦ עֲשָׂרָה דִבְּרַיָּא ♦ תִּשְׁעָה יַרְחֵי לֵידָה ♦ שְׁמוֹנָה יְמֵי מִילָה ♦ שִׁבְעָה יְמֵי שַׁבַּתָּא ♦
♦ שִׁשָּׁה סִדְרֵי מִשְׁנָה ♦ חֲמִשָּׁה חֻמְשֵׁי תוֹרָה ♦ אַרְבַּע אִמָּהוֹת ♦
♦ שְׁלֹשָׁה אָבוֹת ♦ שְׁנֵי לוּחוֹת הַבְּרִית ♦ אֶחָד אֱלֹהֵינוּ ♦ שֶׁבַּשָּׁמַיִם וּבָאָרֶץ ♦

שְׁלֹשָׁה עָשָׂר מִי יוֹדֵעַ

♦ שְׁלֹשָׁה עָשָׂר אֲנִי יוֹדֵעַ ♦ שְׁלוֹשָׁה עָשָׂר מִדַּיָּא ♦ שְׁנֵים עָשָׂר שִׁבְטַיָּא ♦
♦ אַחַד עָשָׂר כּוֹכְבַיָּא ♦ עֲשָׂרָה דִבְּרַיָּא ♦ תִּשְׁעָה יַרְחֵי לֵידָה ♦ שְׁמוֹנָה יְמֵי מִילָה ♦
♦ שִׁבְעָה יְמֵי שַׁבַּתָּא ♦ שִׁשָּׁה סִדְרֵי מִשְׁנָה ♦ חֲמִשָּׁה חֻמְשֵׁי תוֹרָה ♦
♦ אַרְבַּע אִמָּהוֹת ♦ שְׁלֹשָׁה אָבוֹת ♦ שְׁנֵי לוּחוֹת הַבְּרִית ♦ אֶחָד אֱלֹהֵינוּ ♦

שֶׁבַּשָּׁמַיִם וּבָאָרֶץ

חַד גַּדְיָא

♦ חַד גַּדְיָא ♦ דִּזַבִּין אַבָּא בִּתְרֵי זוּזֵי ♦

חַד גַּדְיָא חַד גַּדְיָא

♦ וְאָתָא שׁוּנְרָא ♦ וְאָכְלָה לְגַדְיָא ♦

♦ דִּזַבִּין אַבָּא בִּתְרֵי זוּזֵי ♦

חַד גַּדְיָא חַד גַּדְיָא

♦ וְאָתָא כַלְבָּא ♦ וְנָשַׁךְ לְשׁוּנְרָא ♦ דְּאָכְלָה לְגַדְיָא ♦

♦ דִּזַבִּין אַבָּא בִּתְרֵי זוּזֵי ♦

חַד גַּדְיָא חַד גַּדְיָא

♦ וְאָתָא חֻטְרָא ♦ וְהִכָּה לְכַלְבָּא ♦ דְּנָשַׁךְ לְשׁוּנְרָא ♦

♦ דְּאָכְלָה לְגַדְיָא ♦ דִּזַבִּין אַבָּא בִּתְרֵי זוּזֵי ♦

חַד גַּדְיָא חַד גַּדְיָא

♦ וְאָתָא נוּרָא ♦ וְשָׂרַף לְחֻטְרָא ♦ דְּהִכָּה לְכַלְבָּא ♦

♦ דְּנָשַׁךְ לְשׁוּנְרָא ♦ דְּאָכְלָה לְגַדְיָא ♦

♦ דִּזַבִּין אַבָּא בִּתְרֵי זוּזֵי ♦

חַד גַּדְיָא חַד גַּדְיָא

♦ וְאָתָא מַיָּא ♦ וְכָבָה לְנוּרָא ♦ דְּשָׂרַף לְחֻטְרָא ♦

♦ דְּהִכָּה לְכַלְבָּא ♦ דְּנָשַׁךְ לְשׁוּנְרָא ♦

♦ דְּאָכְלָה לְגַדְיָא ♦ דִּזַבִּין אַבָּא בִּתְרֵי זוּזֵי ♦

חַד גַּדְיָא חַד גַּדְיָא

♦ וְאָתָא תוֹרָא ♦

♦ וְשָׁתָה לְמַיָּא ♦ דְּכָבָה לְנוּרָא ♦

♦ דְּשָׂרַף לְחֻטְרָא ♦ דְּהִכָּה לְכַלְבָּא ♦ דְּנָשַׁךְ לְשׁוּנְרָא ♦

♦ דְּאָכְלָה לְגַדְיָא ♦ דְּזַבִּין אַבָּא בִּתְרֵי זוּזֵי ♦

♦ חַד גַּדְיָא חַד גַּדְיָא ♦

♦ וְאָתָא הַשּׁוֹחֵט ♦ וְשָׁחַט לְתוֹרָא ♦ דְּשָׁתָה לְמַיָּא ♦

♦ דְּכָבָה לְנוּרָא ♦ דְּשָׂרַף לְחֻטְרָא ♦ דְּהִכָּה לְכַלְבָּא ♦

♦ דְּנָשַׁךְ לְשׁוּנְרָא ♦ דְּאָכְלָה לְגַדְיָא ♦

♦ דְּזַבִּין אַבָּא בִּתְרֵי זוּזֵי ♦

♦ חַד גַּדְיָא חַד גַּדְיָא ♦

♦ וְאָתָא מַלְאַךְ הַמָּוֶת ♦ וְשָׁחַט לְשׁוֹחֵט ♦

♦ דְּשָׁחַט לְתוֹרָא ♦ דְּשָׁתָה לְמַיָּא ♦ דְּכָבָה לְנוּרָא ♦

♦ דְּשָׂרַף לְחֻטְרָא ♦ דְּהִכָּה לְכַלְבָּא ♦ דְּנָשַׁךְ לְשׁוּנְרָא ♦

♦ דְּאָכְלָה לְגַדְיָא ♦ דְּזַבִּין אַבָּא בִּתְרֵי זוּזֵי ♦

♦ חַד גַּדְיָא חַד גַּדְיָא ♦

♦ וְאָתָא הַקָּדוֹשׁ בָּרוּךְ הוּא ♦ וְשָׁחַט לְמַלְאַךְ הַמָּוֶת ♦

♦ דְּשָׁחַט לְשׁוֹחֵט ♦ דְּשָׁחַט לְתוֹרָא ♦ דְּשָׁתָה לְמַיָּא ♦

♦ דְּכָבָה לְנוּרָא ♦ דְּשָׂרַף לְחֻטְרָא ♦ דְּהִכָּה לְכַלְבָּא ♦

♦ דְּנָשַׁךְ לְשׁוּנְרָא ♦ דְּאָכְלָה לְגַדְיָא ♦ דְּזַבִּין אַבָּא בִּתְרֵי זוּזֵי ♦

♦ חַד גַּדְיָא חַד גַּדְיָא ♦

קידוש שחרית

אם חל בשבת יש הנוהגים להוסיף מהפסוקים הללו:

מִזְמוֹר לְדָוִד. יְהֹוָה רֹעִי לֹא אֶחְסָר: בִּנְאוֹת דֶּשֶׁא יַרְבִּיצֵנִי. עַל מֵי מְנֻחוֹת יְנַהֲלֵנִי: נַפְשִׁי יְשׁוֹבֵב. יַנְחֵנִי בְמַעְגְּלֵי־צֶדֶק לְמַעַן שְׁמוֹ: גַּם כִּי אֵלֵךְ בְּגֵיא צַלְמָוֶת לֹא אִירָא רָע כִּי אַתָּה עִמָּדִי. שִׁבְטְךָ וּמִשְׁעַנְתֶּךָ הֵמָּה יְנַחֲמֻנִי: תַּעֲרֹךְ לְפָנַי שֻׁלְחָן נֶגֶד צֹרְרָי. דִּשַּׁנְתָּ בַשֶּׁמֶן רֹאשִׁי כּוֹסִי רְוָיָה: אַךְ טוֹב וָחֶסֶד יִרְדְּפוּנִי כָּל־יְמֵי חַיָּי. וְשַׁבְתִּי בְּבֵית יְהֹוָה לְאֹרֶךְ יָמִים:

אִם תָּשִׁיב מִשַּׁבָּת רַגְלֶךָ. עֲשׂוֹת חֲפָצֶךָ בְּיוֹם קָדְשִׁי. וְקָרָאתָ לַשַּׁבָּת עֹנֶג לִקְדוֹשׁ יְהֹוָה מְכֻבָּד. וְכִבַּדְתּוֹ מֵעֲשׂוֹת דְּרָכֶיךָ. מִמְּצוֹא חֶפְצְךָ וְדַבֵּר דָּבָר: אָז תִּתְעַנַּג עַל יְהֹוָה וְהִרְכַּבְתִּיךָ עַל בָּמֳתֵי אָרֶץ. וְהַאֲכַלְתִּיךָ נַחֲלַת יַעֲקֹב אָבִיךָ כִּי פִּי יְהֹוָה דִּבֵּר:

וְשָׁמְרוּ בְנֵי יִשְׂרָאֵל אֶת הַשַּׁבָּת. לַעֲשׂוֹת אֶת הַשַּׁבָּת לְדֹרֹתָם בְּרִית עוֹלָם: בֵּינִי וּבֵין בְּנֵי יִשְׂרָאֵל אוֹת הִיא לְעֹלָם. כִּי שֵׁשֶׁת יָמִים עָשָׂה יְהֹוָה אֶת הַשָּׁמַיִם וְאֶת הָאָרֶץ. וּבַיּוֹם הַשְּׁבִיעִי שָׁבַת וַיִּנָּפַשׁ.

אשכנזי זָכוֹר אֶת יוֹם הַשַּׁבָּת לְקַדְּשׁוֹ. שֵׁשֶׁת יָמִים תַּעֲבֹד וְעָשִׂיתָ כָּל מְלַאכְתֶּךָ. וְיוֹם הַשְּׁבִיעִי שַׁבָּת לַיהֹוָה אֱלֹהֶיךָ לֹא תַעֲשֶׂה כָל מְלָאכָה אַתָּה וּבִנְךָ וּבִתֶּךָ עַבְדְּךָ וַאֲמָתְךָ וּבְהֶמְתֶּךָ וְגֵרְךָ אֲשֶׁר בִּשְׁעָרֶיךָ כִּי שֵׁשֶׁת יָמִים עָשָׂה יְהֹוָה אֶת הַשָּׁמַיִם וְאֶת הָאָרֶץ אֶת הַיָּם וְאֶת כָּל אֲשֶׁר בָּם וַיָּנַח בַּיּוֹם הַשְּׁבִיעִי. עַל־כֵּן בֵּרַךְ יְהֹוָה אֶת־יוֹם הַשַּׁבָּת וַיְקַדְּשֵׁהוּ:

אם חל בחול מתחילים כאן:

אֵלֶּה מוֹעֲדֵי יְיָ מִקְרָאֵי קֹדֶשׁ אֲשֶׁר תִּקְרְאוּ אֹתָם בְּמוֹעֲדָם: וַיְדַבֵּר מֹשֶׁה אֶת מֹעֲדֵי יְיָ אֶל בְּנֵי יִשְׂרָאֵל:

ספרדי סַבְרִי מָרָנָן ועונים לְחַיִּים | אשכנזי סַבְרִי מָרָנָן וְרַבָּנָן וְרַבּוֹתַי

בָּרוּךְ אַתָּה יְהֹוָה, אֱלֹהֵינוּ מֶלֶךְ הָעוֹלָם, בּוֹרֵא פְּרִי ספרדי הַגֶּפֶן אשכנזי הַגָּפֶן. ועונים אָמֵן.

ואחר כך יטול ידיו ויברך על "נטילת ידיים" ו"המוציא לחם מן הארץ"

ממול: מגן תורה מכסף, ברלין 1870 בקירוב,
אוסף יודאיקה מקס ברגר, וינה

שבועות

ו' בסיון

וְחַג שָׁבֻעֹת תַּעֲשֶׂה לְךָ בִּכּוּרֵי קְצִיר
חִטִּים וְחַג הָאָסִיף תְּקוּפַת הַשָּׁנָה:

שמות לד, כב

מה אנו חוגגים בחג השבועות?

חג השבועות - זמן מתן תורתנו - הוא מעין "יום הולדת" לעם היהודי. לפי הכתוב בתורה, ביום זה העמיד הבורא את עם ישראל למרגלות הר סיני, השמיענו את קולו משמי רום בהתגלות מול עם ועדה, ובחר בו כעם סגולה - עם משרתי האל ומקיימי תורתו ומצוותיו.

מהם שמות החג ומה משמעותם?

ארבעה שמות לחג זה: "**וחג הקציר** ביכורי מעשיך אשר תזרע בשדה" (שמות כג, טז), "**וחג שבועות** תעשה לך ביכורי קציר חטים" (שמות לד, כב), "**וביום הביכורים** בהקריבכם מנחה חדשה" (במדבר כח, כו), ו"**עצרת**" - שמו בפי חז"ל. חג הקציר - שבו כלתה עונת הקציר, שכן החיטים הם המאוחרים בתבואות השנה, ובו מקריבים מהם קורבן ראשית. חג שבועות - שזמנו של חג זה לא נקבע בתורה בתאריך שבו הוא חל - ו' בסיון - אלא בתום שבעה שבועות של ספירת העומר. יום הביכורים - על שם המנחה החדשה מביכורי החיטים ועל שם תחילת עונת מצוות הביכורים, שבה כל אחד מביא מראשית כל פרי משבעת המינים, שגדלו באדמתו, אל הכהן במקדש, ומודה לה' על כל הטובה שנתן לו. עצרת - לפי שהוא המשכם וסיומם של ימי הפסח, כשמיני עצרת שהוא המשכם וסיומם של ימי הסוכות.

מהם מנהגי חג השבועות?

ראשית, נוהגים כל ישראל להיות נעורים כל הלילה ועוסקים בתורה, ואומרים תיקון ליל שבועות - מעין מדגם מכל ספר בתנ"ך ומכל מסכת במשנה, מאמרים מספר הזוהר ועוד. שנית, נוהגים לעטר את הבתים ובתי הכנסת בעשבים ופרחים, זכר לפריחת הר סיני. שלישית, נוהגים לאכול מאכלי חלב ודבש שהתורה נמשלה להם, כפי שנאמר: "דבש וחלב תחת לשונך" (שיר השירים ד, יא). וכן נוהגים לקרוא בשבועות את מגילת רות (סבתא-רבא של דוד המלך), שהגיעה לארץ-ישראל בימי הקציר והצטרפה לעם ישראל בקבלת התורה. לפי המסורת, דוד המלך - מצאצאיה של רות - נולד ונפטר בשבועות.

קידוש

ימלא את הכוס ביין, יעמוד, ייטול הכוס ביד ימין, יגביהנו מעל השולחן ויאמר:

כשחל (יום טוב שני בחו"ל) בשבת מתחילים כאן:

אשכנזי (בלחש) וַיְהִי עֶרֶב וַיְהִי בֹקֶר:

יוֹם הַשִּׁשִּׁי: וַיְכֻלּוּ הַשָּׁמַיִם וְהָאָרֶץ וְכָל צְבָאָם: וַיְכַל אֱלֹהִים בַּיּוֹם הַשְּׁבִיעִי מְלַאכְתּוֹ אֲשֶׁר עָשָׂה. וַיִּשְׁבֹּת בַּיּוֹם הַשְּׁבִיעִי מִכָּל מְלַאכְתּוֹ אֲשֶׁר עָשָׂה: וַיְבָרֶךְ אֱלֹהִים אֶת יוֹם הַשְּׁבִיעִי וַיְקַדֵּשׁ אֹתוֹ. כִּי בוֹ שָׁבַת מִכָּל מְלַאכְתּוֹ אֲשֶׁר בָּרָא אֱלֹהִים לַעֲשׂוֹת:

כשחל בחול מתחילים כאן:

ספרדי אֵלֶּה מוֹעֲדֵי יְיָ מִקְרָאֵי קֹדֶשׁ אֲשֶׁר תִּקְרְאוּ אֹתָם בְּמוֹעֲדָם: וַיְדַבֵּר מֹשֶׁה אֶת מֹעֲדֵי יְיָ אֶל בְּנֵי יִשְׂרָאֵל:

ספרדי סַבְרֵי מָרָנָן ועונים לְחַיִּים | אשכנזי סַבְרֵי מָרָנָן וְרַבָּנָן וְרַבּוֹתַי

בָּרוּךְ אַתָּה יְהֹוָה, אֱלֹהֵינוּ מֶלֶךְ הָעוֹלָם, בּוֹרֵא פְּרִי ספרדי-הַגֶּפֶן אשכנזי-הַגָּפֶן. ועונים אָמֵן.

בָּרוּךְ אַתָּה יְהֹוָה, אֱלֹהֵינוּ מֶלֶךְ הָעוֹלָם, אֲשֶׁר בָּחַר בָּנוּ מִכָּל עָם. וְרוֹמְמָנוּ מִכָּל לָשׁוֹן.

וְקִדְּשָׁנוּ בְּמִצְוֹתָיו. וַתִּתֶּן לָנוּ יְהֹוָה אֱלֹהֵינוּ בְּאַהֲבָה. (בשבת שַׁבָּתוֹת לִמְנוּחָה וּ) מוֹעֲדִים לְשִׂמְחָה. חַגִּים וּזְמַנִּים לְשָׂשׂוֹן. אֶת יוֹם (בשבת הַשַּׁבָּת הַזֶּה. וְאֶת יוֹם) חַג הַשָּׁבוּעוֹת הַזֶּה. ספרדי אֶת יוֹם טוֹב מִקְרָא קֹדֶשׁ הַזֶּה. זְמַן מַתַּן תּוֹרָתֵנוּ. (בשבת בְּאַהֲבָה) מִקְרָא קֹדֶשׁ. זֵכֶר לִיצִיאַת מִצְרָיִם: כִּי בָנוּ בָחַרְתָּ וְאוֹתָנוּ קִדַּשְׁתָּ מִכָּל הָעַמִּים, (בשבת וְשַׁבָּת ספרדי וְשַׁבָּתוֹת וּ) מוֹעֲדֵי קָדְשֶׁךָ, (בשבת בְּאַהֲבָה וּבְרָצוֹן) בְּשִׂמְחָה וּבְשָׂשׂוֹן הִנְחַלְתָּנוּ. בָּרוּךְ אַתָּה יְהֹוָה, מְקַדֵּשׁ (בשבת הַשַּׁבָּת וְ) יִשְׂרָאֵל וְהַזְּמַנִּים: ועונים אָמֵן.

בָּרוּךְ אַתָּה יְהֹוָה, אֱלֹהֵינוּ מֶלֶךְ הָעוֹלָם,
שֶׁהֶחֱיָנוּ וְקִיְּמָנוּ, וְהִגִּיעָנוּ לַזְּמַן הַזֶּה.

יטעם מהכוס ויחלק לכל המסובין. יטול ידיו ויברך:

בָּרוּךְ אַתָּה יְהֹוָה, אֱלֹהֵינוּ מֶלֶךְ הָעוֹלָם
אֲשֶׁר קִדְּשָׁנוּ בְּמִצְוֹתָיו, וְצִוָּנוּ עַל נְטִילַת יָדָיִם:

יברך על שתי חלות:

בָּרוּךְ אַתָּה יְהֹוָה, אֱלֹהֵינוּ מֶלֶךְ הָעוֹלָם
הַמּוֹצִיא לֶחֶם מִן הָאָרֶץ:

יבצע החלה ויטעם. יחלק לכל המסובין (לפחות כזית לכל אחד)

סעודת החג

קידוש שחרית

אם חל (יום טוב שני בחו"ל) בשבת יש הנוהגים להוסיף מהפסוקים הללו:

מִזְמוֹר לְדָוִד. יְהֹוָה רֹעִי לֹא אֶחְסָר: בִּנְאוֹת
דֶּשֶׁא יַרְבִּיצֵנִי. עַל מֵי מְנֻחוֹת יְנַהֲלֵנִי: נַפְשִׁי
יְשׁוֹבֵב. יַנְחֵנִי בְמַעְגְּלֵי־צֶדֶק לְמַעַן שְׁמוֹ:
גַּם כִּי אֵלֵךְ בְּגֵיא צַלְמָוֶת לֹא אִירָא רָע
כִּי אַתָּה עִמָּדִי. שִׁבְטְךָ וּמִשְׁעַנְתֶּךָ הֵמָּה
יְנַחֲמֻנִי: תַּעֲרֹךְ לְפָנַי שֻׁלְחָן נֶגֶד צֹרְרָי.
דִּשַּׁנְתָּ בַשֶּׁמֶן רֹאשִׁי כּוֹסִי רְוָיָה: אַךְ טוֹב
וָחֶסֶד יִרְדְּפוּנִי כָּל־יְמֵי חַיָּי. וְשַׁבְתִּי
בְּבֵית יְהֹוָה לְאֹרֶךְ יָמִים:

אִם תָּשִׁיב מִשַּׁבָּת רַגְלֶךָ, עֲשׂוֹת
חֲפָצֶךָ בְּיוֹם קָדְשִׁי. וְקָרָאתָ לַשַּׁבָּת עֹנֶג
לִקְדוֹשׁ יְהֹוָה מְכֻבָּד. וְכִבַּדְתּוֹ מֵעֲשׂוֹת
דְּרָכֶיךָ, מִמְּצוֹא חֶפְצְךָ וְדַבֵּר דָּבָר:
אָז תִּתְעַנַּג עַל יְהֹוָה וְהִרְכַּבְתִּיךָ עַל
בָּמֳתֵי אָרֶץ. וְהַאֲכַלְתִּיךָ נַחֲלַת יַעֲקֹב אָבִיךָ
כִּי פִּי יְהֹוָה דִּבֵּר:

וְשָׁמְרוּ בְנֵי יִשְׂרָאֵל אֶת הַשַּׁבָּת. לַעֲשׂוֹת אֶת הַשַּׁבָּת לְדֹרֹתָם בְּרִית עוֹלָם: בֵּינִי וּבֵין בְּנֵי יִשְׂרָאֵל אוֹת הִיא לְעֹלָם. כִּי שֵׁשֶׁת יָמִים עָשָׂה יְהֹוָה אֶת הַשָּׁמַיִם וְאֶת הָאָרֶץ. וּבַיּוֹם הַשְּׁבִיעִי שָׁבַת וַיִּנָּפַשׁ.

אשכנזי זָכוֹר אֶת יוֹם הַשַּׁבָּת לְקַדְּשׁוֹ. שֵׁשֶׁת יָמִים תַּעֲבוֹד וְעָשִׂיתָ כָּל מְלַאכְתֶּךָ. וְיוֹם הַשְּׁבִיעִי שַׁבָּת לַיהֹוָה אֱלֹהֶיךָ לֹא תַעֲשֶׂה כָל מְלָאכָה אַתָּה וּבִנְךָ וּבִתֶּךָ עַבְדְּךָ וַאֲמָתְךָ וּבְהֶמְתֶּךָ וְגֵרְךָ אֲשֶׁר בִּשְׁעָרֶיךָ כִּי שֵׁשֶׁת יָמִים עָשָׂה יְהֹוָה אֶת הַשָּׁמַיִם וְאֶת הָאָרֶץ אֶת הַיָּם וְאֶת כָּל אֲשֶׁר בָּם וַיָּנַח בַּיּוֹם הַשְּׁבִיעִי.

עַל־כֵּן בֵּרַךְ יְהֹוָה אֶת־יוֹם הַשַּׁבָּת וַיְקַדְּשֵׁהוּ:

אם חל בחול
מתחילים כאן:

אֵלֶּה מוֹעֲדֵי יְיָ מִקְרָאֵי קֹדֶשׁ
אֲשֶׁר תִּקְרְאוּ אֹתָם בְּמוֹעֲדָם:
וַיְדַבֵּר מֹשֶׁה אֶת מֹעֲדֵי יְיָ אֶל
בְּנֵי יִשְׂרָאֵל:

ספרדי סָבְרֵי מָרָנָן ועונים לְחַיִּים | אשכנזי סָבְרֵי מָרָנָן וְרַבָּנָן וְרַבּוֹתַי

בָּרוּךְ אַתָּה יְהֹוָה, אֱלֹהֵינוּ מֶלֶךְ הָעוֹלָם,
בּוֹרֵא פְּרִי ספרדי הַגֶּפֶן אשכנזי הַגָּפֶן. ועונים אָמֵן.

ואחר כך ייטול ידיו ויברך על "נטילת ידיים" ו"המוציא לחם מן הארץ"

ממול: קופסת בשמים מכסף, קרקוב, 1818–43,
אוסף שטיגליץ, מוזיאון ישראל, ירושלים

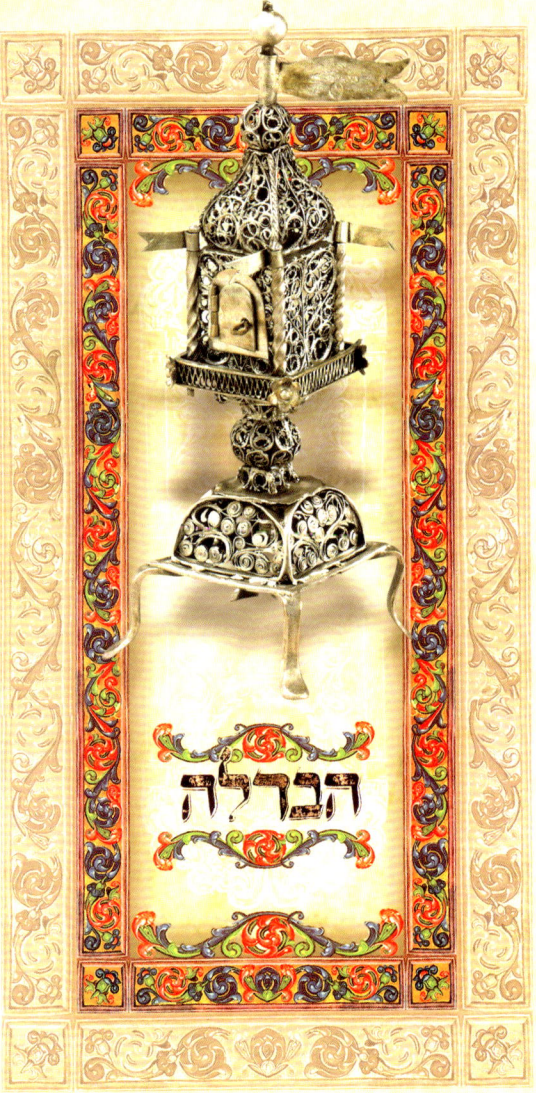

הבדלה

בְּסִימָן טוֹב וּבְמַזָּל טוֹב. הָחֵל עָלֵינוּ אֶת
שֵׁשֶׁת יְמֵי הַמַּעֲשֶׂה הַבָּאִים עָלֵינוּ לְשָׁלוֹם.
חֲשׂוּכִים מִכָּל חֵטְא וָפֶשַׁע, וּמְנֻקִּים מִכָּל
עָוֹן וְאַשְׁמָה וָרֶשַׁע. וּמְדֻבָּקִים בְּתַלְמוּד
תּוֹרָה וּבְמַעֲשִׂים טוֹבִים.

תפילה למוצאי שבת

מהו תפקידה של ההבדלה
במוצאי שבת וחג?

כשם שנצטווינו לומר דברים בשבח השבת ויום טוב בכניסתם (קידוש), כך נצטווינו לשבחם השבת גם ביציאתה, כדי להדגיש את מעלתה ואת ייחודה משאר ימות השבוע. וכשם שתיקנו לנו חכמים קידוש על היין בכניסת יום טוב, כך תקנו הבדלה ביציאתו.

מהו סדר ההבדלה
ומה פשר ברכת הנר והבשמים?

פותחים בפסוקי ברכה לשבוע החדש, כל עדה כפי מנהגה, ומברכים את הברכה הראשונה - "בורא פרי הגפן". הברכה השנייה, "בורא מיני בשמים", היא סמל להשבת נפשנו מקדושת השבת. לימדונו חז"ל שה' נותן "נשמה יתרה" באדם השומר שבת בערב שבת, וזו מעניקה לו פנים חדשות, מאירות, ורוחב לב למנוחה ולשמחה. במוצאי שבת ניטלת ממנו ברכת השבת, והרחת הבשמים נועדה להשיב את נפשו מסילוקה של הנשמה היתרה. הברכה השלישית, "בורא מאורי האש", נקבעה במוצאי שבת, שאז הופקה האש לראשונה על-ידי אדם הראשון. הברכה הרביעית והאחרונה בסדרה, "המבדיל בין קודש לחול", היא ברכת ההבדלה עצמה. ברכה זו (וברכת היין) נאמרת בכל הבדלה, גם שלא במוצאי שבת: במוצאי יום טוב, או כשנדחית ההבדלה למוצאי יום ראשון (למשל, במקרה שתשעה באב חל במוצאי השבת).

סדר הבדלה
למוצאי השבת

במוצאי שבת נוהגים להדליק את נר ההבדלה (רצוי נר קלוע מיוחד להבדלה), למלא את כוס ההבדלה עד לגדותיה כך שהיין יישפך מעט (לסימן טוב), ליטול ענף מעשב או עץ מבושם (ריחני), ליטול הכוס ביד ימין ולברך אל מול אור נר ההבדלה:

הִנֵּה אֵל יְשׁוּעָתִי אֶבְטַח וְלֹא אֶפְחָד:
כִּי עָזִּי וְזִמְרָת יָהּ יְהוָֹה.
וַיְהִי לִי לִישׁוּעָה: וּשְׁאַבְתֶּם מַיִם
בְּשָׂשׂוֹן. מִמַּעַיְנֵי הַיְשׁוּעָה: לַיהוָֹה
הַיְשׁוּעָה. עַל עַמְּךָ בִרְכָתֶךָ סֶּלָה:
יְהוָֹה צְבָאוֹת עִמָּנוּ.
מִשְׂגָּב לָנוּ אֱלֹהֵי יַעֲקֹב סֶלָה:
יְהוָֹה צְבָאוֹת.
אַשְׁרֵי אָדָם בֹּטֵחַ בָּךְ:
יְהוָֹה הוֹשִׁיעָה.
הַמֶּלֶךְ יַעֲנֵנוּ בְיוֹם קָרְאֵנוּ:
לַיְּהוּדִים הָיְתָה אוֹרָה
וְשִׂמְחָה וְשָׂשׂוֹן וִיקָר. כֵּן תִּהְיֶה לָנוּ:
כּוֹס יְשׁוּעוֹת אֶשָּׂא.
וּבְשֵׁם יְהוָֹה אֶקְרָא:

סדר הבדלה
למוצאי השבת

ספרדי סַבְרֵי מָרָנָן ועונים לְחַיִּים | אשכנזי סַבְרֵי מָרָנָן וְרַבָּנָן וְרַבּוֹתַי

בָּרוּךְ אַתָּה יְהֹוָה, אֱלֹהֵינוּ מֶלֶךְ הָעוֹלָם,
בּוֹרֵא פְּרִי ספרדי הַגֶּפֶן אשכנזי הַגָּפֶן. ועונים אָמֵן.

יברך על הבשמים:

בָּרוּךְ אַתָּה יְהֹוָה, אֱלֹהֵינוּ מֶלֶךְ הָעוֹלָם,
בּוֹרֵא עֲצֵי/מִינֵי/עִשְׂבֵי/בְשָׂמִים.

יברך על הנר (ובתוך כך יביט בציפורני יד שמאל):

בָּרוּךְ אַתָּה יְהֹוָה, אֱלֹהֵינוּ מֶלֶךְ
הָעוֹלָם, בּוֹרֵא מְאוֹרֵי הָאֵשׁ.

בָּרוּךְ אַתָּה יְהֹוָה, אֱלֹהֵינוּ מֶלֶךְ
הָעוֹלָם, הַמַּבְדִּיל בֵּין קֹדֶשׁ לְחֹל,
וּבֵין אוֹר לְחֹשֶׁךְ, וּבֵין יִשְׂרָאֵל לָעַמִּים,
וּבֵין יוֹם הַשְּׁבִיעִי לְשֵׁשֶׁת יְמֵי הַמַּעֲשֶׂה.
בָּרוּךְ אַתָּה יְהֹוָה,
הַמַּבְדִּיל בֵּין קֹדֶשׁ לְחֹל.

סדר הבדלה
למוצאי יום טוב

ימלא את הכוס ביין, יעמוד, ייטול הכוס ביד ימין,
יגביהנו מעל השולחן ויאמר:

ספרדי כּוֹס יְשׁוּעוֹת אֶשָּׂא. וּבְשֵׁם יְהֹוָה אֶקְרָא:
סָבְרֵי מָרָנָן ועונים לְחַיִּים
אשכנזי סַבְרֵי מָרָנָן וְרַבָּנָן וְרַבּוֹתַי

בָּרוּךְ אַתָּה יְהֹוָה, אֱלֹהֵינוּ
מֶלֶךְ הָעוֹלָם, בּוֹרֵא
פְּרִי ספרדי הַגֶּפֶן אשכנזי הַגָּפֶן. ועונים אָמֵן.

בָּרוּךְ אַתָּה יְהֹוָה, אֱלֹהֵינוּ מֶלֶךְ הָעוֹלָם,
הַמַּבְדִּיל בֵּין קֹדֶשׁ לְחֹל,
בֵּין אוֹר לְחֹשֶׁךְ,
בֵּין יִשְׂרָאֵל לָעַמִּים,
בֵּין יוֹם הַשְּׁבִיעִי לְשֵׁשֶׁת יְמֵי הַמַּעֲשֶׂה.
בָּרוּךְ אַתָּה יְהֹוָה,
הַמַּבְדִּיל בֵּין קֹדֶשׁ לְחֹל.

עירוב תבשילין

חכמי ישראל אסרו לבשל ביום טוב לצורך שבת שאחריו, שמא יבואו לבשל ביום טוב לצורך ימי החול. ותיקנו שכל מי שהתחיל לבשל ולאפות לשבת לפני יום טוב, יכול להמשיך ביום טוב. מכינים פת ותבשיל ומברכים:

בָּרוּךְ אַתָּה יְהֹוָה אֱלֹהֵינוּ
מֶלֶךְ הָעוֹלָם
אֲשֶׁר קִדְּשָׁנוּ בְּמִצְוֹתָיו וְצִוָּנוּ
עַל מִצְוַת עֵרוּב:

בְּזֶה הָעֵרוּב יְהֵא מוּתָּר לָנוּ
לֶאֱפוֹת וּלְבַשֵּׁל וּלְהַטְמִין
וּלְהַדְלִיק נֵר וְלַעֲשׂוֹת כָּל
צָרְכֵנוּ מִיּוֹם טוֹב לְשַׁבָּת.
לָנוּ וּלְכָל יִשְׂרָאֵל הַדָּרִים
בָּעִיר הַזֹּאת:

ובזה נחשב שכל מה שנבשל ביום טוב לצורך השבת, הוא המשך להכנה זו. יש להקפיד שה"עירוב" יהיה קיים עד סוף הבישולים לצורך השבת, ונוהגים להשתמש ב"פת" לצורך "לחם משנה" בכל סעודות החג והשבת, ואוכלים אותה בסעודה שלישית.

ממול: דלתות ארון הקודש מבית כנסת בקרקוב, פולין, המאה ה-17,
אוסף מוזיאון ישראל, ירושלים

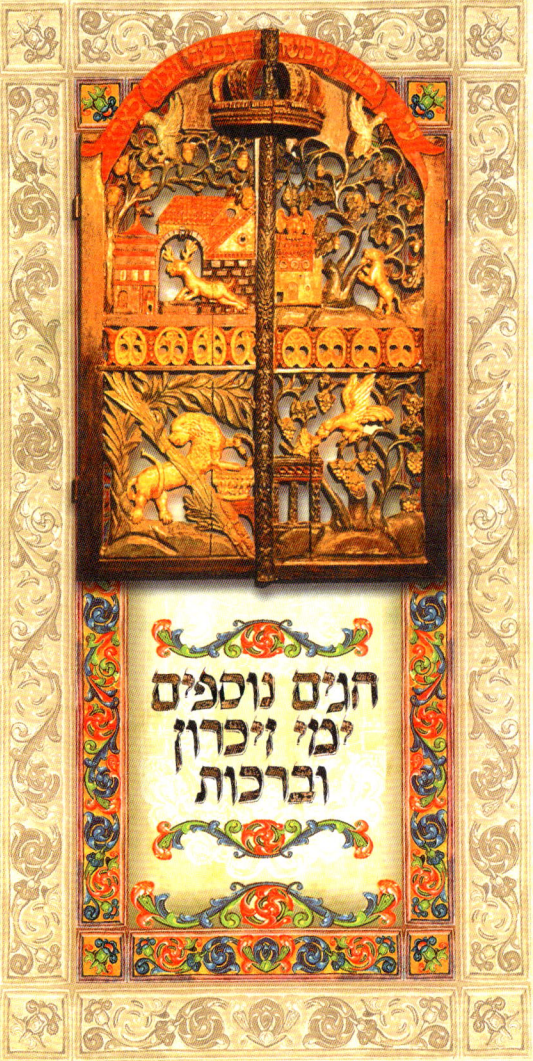

חגים נוספים
ימי זיכרון
וברכות

הַשִּׁיר יִהְיֶה לָכֶם כְּלֵיל
הִתְקַדֶּשׁ חָג וְשִׂמְחַת
לֵבָב כַּהוֹלֵךְ בֶּחָלִיל
לָבוֹא בְהַר ה׳ אֶל צוּר
יִשְׂרָאֵל:

ישעיהו ל, כט׳

ט"ו בשבט

החמישה-עשר בשבט הוא ראש השנה לאילנות,
כלומר - התאריך המגדיר שנה לצורך המצוות הקשורות
באילנות הצומחים בארץ:

מעשר אין מעשרים מפירות שנה זו על פירות שנה אחרת, כלומר - פירות שחנטו לפני ט"ו בשבט אינם מעשרים עם פירות שחנטו אחרי ט"ו בשבט. כמו כן מבחינים בין השנים כאשר מעשרים מעשר שני (שהפירות או תמורתם נאכלים בקדושה בירושלים) או מעשר עני (הפירות המחולקים לעניים), והתאריך הקובע לעניין זה הוא ט"ו בשבט.

ערלה התורה אוסרת לאכול וליהנות מפרי האילן לפני שצבר שלוש שנות חיים, ואף לעניין זה התאריך הקובע הוא ט"ו בשבט.

שביעית יש אומרים שגם לעניין זה הפירות שחנטו עד ט"ו בשבט של השנה השמינית, קדושים בקדושת השביעית.

ביום זה לא חל איסור על מלאכה ואין בו משתה ושמחה ולא שינוי בתפילה, אך נהגו לשנות בו מעט משאר הימים, שכן אין אומרים בו תחנון בתפילה ואין מספידים בו את המת ונוהגים להרבות בו באכילת פירות ולהתפלל על טיבם של פירות השנה. ויש מתפללים בו במיוחד על פרי האתרוג, שיהא נאה למצווה.

תפילה לט"ו בשבט: הבן איש חי

ר' יוסף חיים מבגדד (1840-1913)

יהי רצון מלפניך, ה' אלוהינו ואלוהי אבותינו, שתברך כל מיני האילנות ויוציאו פירותיהם בריצוי - שמנים וטובים, ותברך את הגפנים שיוציאו ענבים הרבה - שמנים וטובים, כדי שיהיה היין היוצא מהם מצוי לרוב לכל עמך ישראל, לקיים בו מצוות קידוש ומצוות הבדלה בשבתות וימים טובים. ויתקיים בנו ובכל ישראל אחינו מקרא שכתוב: לך אכול בשמחה לחמך ושתה בלב טוב יינך כי כבר רצה אלוהים את מעשיך.

יום הזיכרון לשואה ולגבורה

כ"ז בניסן

"זכרו שניכם את אשר עשה לנו עמלק. זכרו הכל. אל תשכחו עד סוף ימיכם והעבירו הלאה, כצוואה קדושה לדורות הבאים, שהגרמנים הרגו, טבחו ורצחו אותנו"

(מתוך צוואתו של אלחנן אלקס, ראש היודנראט - בגטו קובנה)

כנסת ישראל קבעה את יום כ"ז בניסן כיום הזיכרון לשואה ולגבורה. ראשיתו של היום בשקיעת החמה וסיומו עם צאת הכוכבים. אם חל כ"ז בניסן ביום שישי, מוקדם יום הזיכרון ביום אחד ומתקיים ביום חמישי, כ"ו בניסן. אם חל כ"ז בניסן ביום ראשון בשבוע, נדחה יום הזיכרון ביום אחד ומתקיים ביום שני, כ"ח בניסן.

זהו יום התייחדות עם קורבנות השואה הנוראה, ששת המיליונים שהושמדו בשל יהדותם, המורדים, הגיבורים והלוחמים היהודים בצורר הנאצי, ומיליוני הניצולים, היתומים והאלמנות. ביום זה יש האומרים "קדיש" ותפילת "אל מלא רחמים" מיוחדת. נהוג בו גם להדליק בבית נר זיכרון.

אל מלא רחמים

אֵל מָלֵא רַחֲמִים שׁוֹכֵן בַּמְּרוֹמִים, דַּיַּן אַלְמָנוֹת וַאֲבִי יְתוֹמִים, הַמְצֵא מְנוּחָה נְכוֹנָה עַל כַּנְפֵי הַשְּׁכִינָה בְּמַעֲלוֹת קְדוֹשִׁים וּטְהוֹרִים כְּזֹהַר הָרָקִיעַ מַזְהִירִים לְנִשְׁמוֹת שֵׁשֶׁת הַמִּלְיוֹנִים אַחֵינוּ וְאַחְיוֹתֵינוּ רִבְבוֹת רִבְבוֹת אַלְפֵי יִשְׂרָאֵל. אֲנָשִׁים נָשִׁים וָטַף שֶׁנֶּהֶרְגוּ, שֶׁנֶּחְנְקוּ, שֶׁנִּשְׂרְפוּ, שֶׁנִּקְבְּרוּ חַיִּים וְשֶׁהוּמְתוּ בְּכָל מִינֵי מִיתוֹת מְשֻׁנּוֹת וְאַכְזָרִיּוֹת בִּידֵי הַנָּאצִים וְעוֹזְרֵיהֶם וְשֶׁהָלְכוּ לְעוֹלָמָם עַל קִדּוּשׁ הַשֵּׁם. בְּגַן עֵדֶן תְּהֵא מְנוּחָתָם. לָכֵן בַּעַל הָרַחֲמִים יַסְתִּירֵם בְּסֵתֶר כְּנָפָיו לְעוֹלָמִים וְיִצְרוֹר בִּצְרוֹר הַחַיִּים אֶת נִשְׁמוֹתֵיהֶם, ה' הוּא נַחֲלָתָם וְיָנוּחוּ בְּשָׁלוֹם עַל מִשְׁכָּבָם וְנֹאמַר אָמֵן.

יזכר

יִזְכֹּר אֱלֹהִים אֶת נִשְׁמוֹת אַחֵינוּ בְּנֵי יִשְׂרָאֵל, חַלְלֵי הַשּׁוֹאָה וְגִבּוֹרֶיהָ, נִשְׁמוֹת שֵׁשׁ מֵאוֹת רִבְבוֹת אַלְפֵי יִשְׂרָאֵל, שֶׁהוּמְתוּ וְשֶׁנֶּהֶרְגוּ וְשֶׁנֶּחְנְקוּ וְשֶׁנִּקְבְּרוּ חַיִּים, וְאֶת קְהִלּוֹת הַקֹּדֶשׁ שֶׁנֶּחְרְבוּ עַל קְדֻשַּׁת הַשֵּׁם. יִזְכֹּר אֱלֹהִים אֶת עֲקֵדָתָם עִם עֲקֵדַת שְׁאָר יִשְׂרָאֵל וְגִבּוֹרָיו מִימֵי עוֹלָם וְיִצְרֹר בִּצְרוֹר הַחַיִּים אֶת נִשְׁמוֹתֵיהֶם. הַנֶּאֱהָבִים וְהַנְּעִימִים בְּחַיֵּיהֶם וּבְמוֹתָם לֹא נִפְרָדוּ. יָנוּחוּ בְּשָׁלוֹם עַל מִשְׁכְּבוֹתָם וְנֹאמַר אָמֵן.

יום הזיכרון לשואה ולגבורה

קדיש יתום

האבלים: יִתְגַּדַּל וְיִתְקַדַּשׁ שְׁמֵהּ רַבָּא. הקהל: אָמֵן.

האבלים: בְּעָלְמָא דִּי בְרָא כִרְעוּתֵהּ וְיַמְלִיךְ מַלְכוּתֵהּ
וְיַצְמַח פֻּרְקָנֵהּ וִיקָרֵב מְשִׁיחֵהּ. הקהל: אָמֵן.

האבלים: בְּחַיֵּיכוֹן וּבְיוֹמֵיכוֹן וּבְחַיֵּי דְכָל בֵּית יִשְׂרָאֵל
בַּעֲגָלָא וּבִזְמַן קָרִיב. וְאִמְרוּ אָמֵן. הקהל: אָמֵן.

האבלים: יְהֵא שְׁמֵהּ רַבָּא מְבָרַךְ לְעָלַם וּלְעָלְמֵי
עָלְמַיָּא. יִתְבָּרַךְ וְיִשְׁתַּבַּח וְיִתְפָּאַר וְיִתְרוֹמַם
וְיִתְנַשֵּׂא וְיִתְהַדָּר וְיִתְעַלֶּה וְיִתְהַלָּל שְׁמֵהּ
דְקֻדְשָׁא בְּרִיךְ הוּא. הקהל: אָמֵן.

האבלים: לְעֵלָּא מִן כָּל בעשרת-ימי-תשובה: לְעֵלָּא וּלְעֵלָּא
מִכָּל בִּרְכָתָא וְשִׁירָתָא תֻּשְׁבְּחָתָא וְנֶחֱמָתָא
דַּאֲמִירָן בְּעָלְמָא. וְאִמְרוּ אָמֵן. הקהל: אָמֵן.

האבלים: יְהֵא שְׁלָמָא רַבָּא מִן שְׁמַיָּא וְחַיִּים טוֹבִים עָלֵינוּ
וְעַל כָּל יִשְׂרָאֵל. וְאִמְרוּ אָמֵן. הקהל: אָמֵן.

האבלים: עוֹשֶׂה בעשרת-ימי-תשובה: הַשָּׁלוֹם בִּמְרוֹמָיו הוּא
בְּרַחֲמָיו יַעֲשֶׂה שָׁלוֹם עָלֵינוּ וְעַל כָּל יִשְׂרָאֵל
וְאִמְרוּ אָמֵן. האבלים: אָמֵן.

תרגום מארמית:

יתגדל ויתקדש שמו הגדול. **אמן.**
בעולם שברא כרצונו וימליך מלכותו ויצמיח ישועתו ויקרב משיחו. **אמן.**
בחייכם ובימיכם ובחיי כל בית ישראל במהרה ובזמן קרוב, ואמרו אמן. **אמן.**
יהי שמו הגדול מבורך לעולם ולעולמי עולמים. יתברך וישתבח ויתפאר ויתרומם ויתנשא
ויתהדר ויתעלה ויתהלל שמו של הקדוש ברוך הוא. **אמן.**
למעלה מכל הברכות והשירות, התשבחות והנחמות הנאמרות בעולם, ואמרו אמן. **אמן.**
יהי שלום רב מן השמים וחיים טובים עלינו ועל כל ישראל, ואמרו אמן. **אמן.**
עושה שלום במרומיו הוא יעשה שלום עלינו ועל כל ישראל, ואמרו אמן. **אמן.**

יום הזיכרון
לחללי מלחמות ישראל
ונפגעי פעולות האיבה

ד' באייר

כנסת ישראל קבעה את יום ד' באייר כיום הזיכרון לחללי מערכות ישראל ונפגעי פעולות האיבה. אם חל ד' באייר ביום חמישי, מוקדם יום הזיכרון ביום אחד ומתקיים ביום רביעי, ג' באייר. אם חל ד' באייר ביום שישי, מוקדם יום הזיכרון ביומיים ומתקיים ביום רביעי, ב' באייר. אם חל ד' באייר ביום ראשון בשבוע, נדחה יום הזיכרון ביום אחד ומתקיים ביום שני, ה' באייר. תמיד מועד יום העצמאות זז בהתאם, כך שיתחיל מיד עם צאת יום הזיכרון. כמו כן נקבע ז' באדר - יום מותו של משה רבנו על פי המסורת היהודית - כיום הזיכרון הרשמי לחללים שמקום קבורתם לא נודע.

נהוג לומר "קדיש" (ראו עמ' 137) ותפילות "אל מלא רחמים" ו"יזכור" מיוחדות ליום זה. נהוג להניף את דגל ישראל במקום בולט ומכובד בחזית הבית, ורצוי להצמיד לו סרט שחור לאות זיכרון ואבל (את הסרט מסירים עם כניסתו של יום העצמאות). בבית נהוג להדליק נר זיכרון.

אל מלא רחמים

אֵל מָלֵא רַחֲמִים שׁוֹכֵן בַּמְּרוֹמִים, הַמְצֵא מְנוּחָה נְכוֹנָה עַל כַּנְפֵי הַשְּׁכִינָה, בְּמַעֲלוֹת קְדוֹשִׁים וּטְהוֹרִים כְּזֹהַר הָרָקִיעַ מַזְהִירִים, לְנִשְׁמוֹת הַקְּדוֹשִׁים שֶׁנִּלְחֲמוּ בְּכָל מַעַרְכוֹת יִשְׂרָאֵל, בַּמַּחְתֶּרֶת וּבִצְבָא הַהֲגָנָה לְיִשְׂרָאֵל, וְשֶׁנָּפְלוּ בְּמִלְחַמְתָּם וּמָסְרוּ נַפְשָׁם עַל קִדּוּשׁ הַשֵּׁם, הָעָם וְהָאָרֶץ, בַּעֲבוּר שֶׁאָנוּ מִתְפַּלְּלִים לְעִלּוּי נִשְׁמוֹתֵיהֶם. לָכֵן בַּעַל הָרַחֲמִים יַסְתִּירֵם בְּסֵתֶר כְּנָפָיו לְעוֹלָמִים וְיִצְרֹר בִּצְרוֹר הַחַיִּים אֶת נִשְׁמוֹתֵיהֶם. יְהוָה הוּא נַחֲלָתָם, בְּגַן עֵדֶן מְנוּחָתָם, וְיָנוּחוּ בְשָׁלוֹם עַל מִשְׁכְּבוֹתָם, וְתַעֲמוֹד לְכָל יִשְׂרָאֵל זְכוּתָם וְיַעַמְדוּ לְגוֹרָלָם לְקֵץ הַיָּמִין. וְנֹאמַר אָמֵן.

יום הזיכרון
לחללי מלחמות ישראל
ונפגעי פעולות האיבה

יזכר

יִזְכֹּר אֱלֹהִים אֶת בָּנָיו וּבְנוֹתָיו, הַנֶּאֱמָנִים וְהָאַמִּיצִים,
חַיָּלֵי צְבָא־הֲגָנָה לְיִשְׂרָאֵל, וְכָל לוֹחֲמֵי הַמַּחְתָּרוֹת
וַחֲטִיבוֹת הַלּוֹחֲמִים בְּמַעַרְכוֹת הָעָם, וְכָל אַנְשֵׁי קְהִילִיַּת
הַמּוֹדִיעִין וְהַבִּטָּחוֹן וְאַנְשֵׁי הַמִּשְׁטָרָה אֲשֶׁר חֵרְפוּ נַפְשָׁם
בְּמִלְחָמָה עַל תְּקוּמַת יִשְׂרָאֵל, וְכָל אֵלֶּה שֶׁנִּרְצְחוּ
בָּאָרֶץ וּמְחוּצָה לָהּ בִּידֵי מְרַצְּחִים מֵאִרְגּוּנֵי הַטֶּרוֹר.
יִזְכֹּר יִשְׂרָאֵל וְיִתְבָּרֵךְ בְּזַרְעוֹ וְיֵאָבֵל עַל זִיו הָעֲלוּמִים
וְחֶמְדַת הַגְּבוּרָה וּקְדֻשַּׁת הָרָצוֹן וּמְסִירוּת הַנֶּפֶשׁ
אֲשֶׁר נִסְפּוּ בַּמַּעֲרָכָה הַכְּבֵדָה.
יִהְיוּ גִבּוֹרֵי מִלְחֲמוֹת יִשְׂרָאֵל עֲטוּרֵי הַנִּצָּחוֹן
חֲתוּמִים בְּלֵב יִשְׂרָאֵל לְדוֹר דּוֹר.

יום העצמאות
ה' באייר

כנסת ישראל קבעה את ה' באייר - למחרת יום הזיכרון לחללי מערכות ישראל ונפגעי
פעולות האיבה - כיום העצמאות למדינת ישראל. ה' באייר הוא היום שבו נחתמה
מגילת העצמאות של מדינת ישראל (14.5.1948), ערב סיום המנדט הבריטי.

רוב התפילות וההודיות נאמרות בציבור, ונוהגים שונים קיימים בנושא זה. יש המברכים
בבית הכנסת ברכת "שהחיינו", ברכת "הלל", "תפילה לשלום המדינה"
וברכות נוספות. נהוג להניף את דגל ישראל במקום בולט ומכובד בחזית הבית, ולערוך
סעודות חגיגיות ומסיבות בחוג המשפחה והידידים.

ספירת העומר ול"ג בעומר

ביום השני של פסח היו מקריבים בבית המקדש מנחת ביכורים מקציר השעורים, בטרם החלו עושים שימוש בתבואת השנה. מידת השעורים במנחה זו נקראה עומר. מיום זה היו סופרים 49 ימים, וביום החמישים - הוא חג השבועות - היו מקריבים מנחת ביכורי קציר חיטים. ספירת העומר מסמנת את הציפייה שבשאיפתו של עם ישראל, מיום צאתו מעבדות, אל תכלית הגאולה שבקבלת התורה בהר סיני, הנחגגת אף היא בחג השבועות, הוא חג מתן תורה.

על פי המסורת, 12 אלף זוגות תלמידים היו לרבי עקיבא וכולם מתו במגיפה שהשתוללה בזמנו בימי ספירת העומר, בין פסח לל"ג בעומר (יש הגורסים כעונש על שלא נהגו כבוד זה בזה, יש הגורסים שלפחות חלקם נפלו בחרב הרומאים בימי המרד הגדול). האסון נחקק בזכרון האומה, ומאז נוהגים בימים אלה מנהגי אבלות. מקובל שביום ה-33 (ל"ג) לספירת העומר פסק המוות, ולכן נוהגים בו קצת שמחה. רבים נוהגים לעלות ביום זה למירון, מקום קבורתו של רבי שמעון בר-יוחאי - מגדולי תלמידיו של רבי עקיבא בדור שלאחר המגיפה - ולהדליק מדורות המסמלות את האור הגדול שהיה בעולם ביום פטירתו, ורמז לסודות הטמירים שגילה לתלמידיו ושאותם כתבו בספר הזוהר.

ט"ו באב

אמר ר' שמעון בן-גמליאל: "לא היו ימים לישראל כחמישה-עשר באב וכיום הכיפורים, שבהם בנות ירושלים יוצאות בכלי לבן וחלות (רוקדות) בכרמים" (המשנה, מסכת תענית ד, ח).

יום חג זה הוא מהנשכחים בחגי ישראל, מאז חורבן בית המקדש והגלות הארוכה שבאה בעקבותיו. במשנה ובתלמוד הוא מוזכר כחג חקלאי - ראשית בציר הענבים - וכחג חברתי, שבו היו יוצאות בנות ישראל הלבושות לבן (בגדים פשוטים ושאולים, שלא יתקנאו זו בזו) לחולל בכרמים ובעקבותיהן רווקים שחיפשו כלות.

יש המדגישים את הקשר בין אהבה ליין עוד בדברי המלך שלמה: "אשכול הכפר דודי לי בכרמי עין-גדי" (שיר השירים א, יד); "אשקך מיין הרקח מעסיס רימוני" (שיר השירים ח, ב). מסורות לאומיות, חברתיות ודתיות נוספות נקשרו במהלך השנים במועד זה, שבו אין מתענים ואין מספידים.

ימי תענית

מתקנת הנביאים להתענות ארבע פעמים בשנה "מפני הצרות שאירעו בהם כדי לעורר הלבבות ולפתוח דרכי תשובה, ויהיה זה זיכרון למעשינו הרעים ולמעשה אבותינו, שהיה כמעשינו עתה, עד שגרם להם ולנו אותן הצרות, שבזכרון דברים אלו נשוב להיטיב" (רמב"ם, הלכות תעניות פה), ואלו הם:

צום גדליה
ג' בתשרי

בו נהרג גדליה בן אחיקם, הממונה מטעם נבוכדנאצר על שארית העם לאחר החורבן, ובמותו התפזרה שארית הפליטה וכבתה גחלת ישראל בארצם.

י' בטבת

יום ראשית המצור על ירושלים בימי בית ראשון, שבו החלה הפורענות ששיאה בחורבן הבית. על יום זה נאמר ליחזקאל הנביא: "בן-אדם, כתוב לך את שם היום עצם היום הזה, סמך מלך בבל אל ירושלם בעצם היום הזה" (יחזקאל כד, ב).

י"ז בתמוז

חמישה דברים אירעו בו לאבותינו: השתברו הלוחות במעשה העגל; בטל התמיד בימי בית ראשון; הובקעה העיר בימי בית שני; שרף אפוסטמוס (אחד משרי הרומאים) את התורה; והעמיד (אפוסטמוס, ויש אומרים מנשה מלך יהודה) צלם בהיכל.

ט' באב

גם בו אירעו חמש פורענויות: נגזר על ישראל שלא ייכנסו לארץ מפני חטא המרגלים; חרבו בו בתי המקדש, הראשון והשני; ונחרבה ביתר; ונחרשה ירושלים לאחר החורבן.

תענית אסתר
י"ג באדר

לימים הוסיפו חז"ל את תענית אסתר, זכר לתענית שהתענו בימי גזירות המן.

תעניות אלה (למעט תשעה באב) אינן חמורות כיום הכיפורים - הן במשך הצום, הנוהג בהם מעלות השחר בלבד, והן בכך שאין בהם אלא איסור אכילה ושתייה בלבד. בימי התענית מרבים בסליחות ובבקשת רחמים על כלל ישראל בעד כל הצרות וחשכת הגלות, ומסיימים בתקווה שתמומש במהרה הבטחת ה' בפי זכריה:

צום הרביעי וצום החמישי וצום השביעי וצום העשירי
יהיה לבית יהודה לששון ולשמחה ולמועדים טובים
(זכריה ח, יט)

סדר ברכת המזון

נוסח אשכנזי

בחול, קודם ברכות המזון אומרים:

עַל נַהֲרוֹת בָּבֶל שָׁם יָשַׁבְנוּ גַּם בָּכִינוּ, בְּזָכְרֵנוּ אֶת צִיּוֹן:
עַל עֲרָבִים בְּתוֹכָהּ, תָּלִינוּ כִּנֹּרוֹתֵינוּ: כִּי שָׁם שְׁאֵלוּנוּ
שׁוֹבֵינוּ דִּבְרֵי שִׁיר וְתוֹלָלֵינוּ שִׂמְחָה, שִׁירוּ לָנוּ מִשִּׁיר
צִיּוֹן: אֵיךְ נָשִׁיר אֶת שִׁיר יְהוָה, עַל אַדְמַת נֵכָר: אִם
אֶשְׁכָּחֵךְ יְרוּשָׁלָםִ, תִּשְׁכַּח יְמִינִי: תִּדְבַּק לְשׁוֹנִי לְחִכִּי
אִם לֹא אֶזְכְּרֵכִי, אִם לֹא אַעֲלֶה אֶת יְרוּשָׁלַםִ עַל רֹאשׁ
שִׂמְחָתִי: זְכֹר יְהוָה לִבְנֵי אֱדוֹם אֵת יוֹם יְרוּשָׁלָםִ, הָאֹמְרִים
עָרוּ עָרוּ עַד הַיְסוֹד בָּהּ: בַּת בָּבֶל הַשְּׁדוּדָה, אַשְׁרֵי
שֶׁיְשַׁלֶּם לָךְ אֶת גְּמוּלֵךְ שֶׁגָּמַלְתְּ לָנוּ: אַשְׁרֵי שֶׁיֹּאחֵז וְנִפֵּץ
אֶת עֹלָלַיִךְ אֶל הַסָּלַע:

בשבת וביום-טוב ובימים שאין אומרים בהם תחנון אומרים:

שִׁיר הַמַּעֲלוֹת, בְּשׁוּב יְהוָה אֶת שִׁיבַת צִיּוֹן הָיִינוּ כְּחֹלְמִים:
אָז יִמָּלֵא שְׂחוֹק פִּינוּ וּלְשׁוֹנֵנוּ רִנָּה, אָז יֹאמְרוּ בַגּוֹיִם
הִגְדִּיל יְהוָה לַעֲשׂוֹת עִם אֵלֶּה: הִגְדִּיל יְהוָה לַעֲשׂוֹת
עִמָּנוּ, הָיִינוּ שְׂמֵחִים: שׁוּבָה יְהוָה אֶת שְׁבִיתֵנוּ כַּאֲפִיקִים
בַּנֶּגֶב: הַזֹּרְעִים בְּדִמְעָה בְּרִנָּה יִקְצֹרוּ: הָלוֹךְ יֵלֵךְ וּבָכֹה
נֹשֵׂא מֶשֶׁךְ הַזָּרַע, בֹּא יָבֹא בְרִנָּה, נֹשֵׂא אֲלֻמֹּתָיו:

נטילת ידיים: מים אחרונים חובה קודם ברכת המזון,
ואין להפסיק בין נטילה לברכת המזון אף בדברי תורה.
כשנוטל כוס לברך ברכת המזון נוהגים לומר
"כוס ישועות אשא ובשם ה' אקרא". קודם שיברך יאמר:

הִנְנִי מוּכָן וּמְזֻמָּן לְקַיֵּם מִצְוַת עֲשֵׂה שֶׁל בִּרְכַּת הַמָּזוֹן שֶׁנֶּאֱמַר,
וְאָכַלְתָּ וְשָׂבָעְתָּ וּבֵרַכְתָּ אֶת יְהוָה אֱלֹהֶיךָ, עַל הָאָרֶץ הַטֹּבָה,
אֲשֶׁר נָתַן לָךְ:

אם במסובים יש שלושה, או יותר
גברים בני מצוות, חייבים הסועדים בזימון.
וכך מזמנין:

המזמן אומר: **רַבּוֹתַי. נְבָרֵךְ:**

המסובים עונים: **יְהִי שֵׁם יְהֹוָה מְבֹרָךְ מֵעַתָּה וְעַד עוֹלָם:**

המזמן חוזר: **יְהִי שֵׁם יְהֹוָה מְבֹרָךְ מֵעַתָּה וְעַד עוֹלָם:**

בִּרְשׁוּת מָרָנָן וְרַבּוֹתַי נְבָרֵךְ (בעשרה ויותר) **אֱלֹהֵינוּ) שֶׁאָכַלְנוּ מִשֶּׁלּוֹ:**

זימון המסובים: **בָּרוּךְ** (בעשרה ויותר **אֱלֹהֵינוּ) שֶׁאָכַלְנוּ מִשֶּׁלּוֹ וּבְטוּבוֹ חָיִינוּ:**
והמזמן חוזר:

מי שלא אכל עונה: **בָּרוּךְ** (בעשרה ויותר **אֱלֹהֵינוּ) וּמְבֹרָךְ שְׁמוֹ תָּמִיד לְעוֹלָם וָעֶד.**

סדר זימון לסעודת נישואין

המזמן אומר: **רַבּוֹתַי. נְבָרֵךְ:**

המסובים עונים: **יְהִי שֵׁם יְהֹוָה מְבֹרָךְ מֵעַתָּה וְעַד עוֹלָם:**

המזמן חוזר ואומר: **יְהִי שֵׁם יְהֹוָה מְבֹרָךְ מֵעַתָּה וְעַד עוֹלָם:**

דְּוַי הָסֵר וְגַם חָרוֹן. וְאָז אִלֵּם בְּשִׁיר יָרוֹן. נְחֵנוּ בְּמַעְגְּלֵי צֶדֶק. שְׁעֵה בִּרְכַּת יְשׁוּרוּן. בְּנֵי
אַהֲרֹן: בִּרְשׁוּת מָרָנָן וְרַבָּנָן וְרַבּוֹתַי. נְבָרֵךְ אֱלֹהֵינוּ שֶׁהַשִּׂמְחָה בִּמְעוֹנוֹ. שֶׁאָכַלְנוּ מִשֶּׁלּוֹ:
ועונים המסובים והמזמן חוזר: **בָּרוּךְ אֱלֹהֵינוּ שֶׁהַשִּׂמְחָה בִּמְעוֹנוֹ שֶׁאָכַלְנוּ מִשֶּׁלּוֹ. וּבְטוּבוֹ חָיִינוּ:**

סדר זימון לסעודת ברית מילה

המזמן אומר: **רַבּוֹתַי. נְבָרֵךְ:**

המסובים עונים: **יְהִי שֵׁם יְהֹוָה מְבֹרָךְ מֵעַתָּה וְעַד עוֹלָם:**

המזמן חוזר ואומר: **יְהִי שֵׁם יְהֹוָה מְבֹרָךְ מֵעַתָּה וְעַד עוֹלָם:**

נוֹדֶה לְשִׁמְךָ בְּתוֹךְ אֱמוּנַי. בְּרוּכִים אַתֶּם לַיהֹוָה. המסובים: **נוֹדֶה לְשִׁמְךָ ...**

המזמן: בִּרְשׁוּת אֵל אָיוֹם וְנוֹרָא. מִשְׂגָּב לְעִתּוֹת בַּצָּרָה.

אֵל נֶאְזָר בִּגְבוּרָה. אַדִּיר בַּמָּרוֹם יְהֹוָה. המסובים: **נוֹדֶה לְשִׁמְךָ ...**

המזמן: בִּרְשׁוּת הַתּוֹרָה הַקְּדוֹשָׁה. טְהוֹרָה הִיא וְגַם פְּרוּשָׁה.

צִוָּה לָנוּ מוֹרָשָׁה. מֹשֶׁה עֶבֶד יְהֹוָה. המסובים: **נוֹדֶה לְשִׁמְךָ ...**

המזמן: בִּרְשׁוּת הַכֹּהֲנִים וְהַלְוִיִּם. אֶקְרָא לֵאלֹהֵי הָעִבְרִיִּים. אֲהוֹדֶנּוּ
בְּכָל אִיִּים. אֲבָרְכָה אֶת יְהֹוָה. המסובים: **נוֹדֶה לְשִׁמְךָ ...**

המזמן: בִּרְשׁוּת מָרָנָן וְרַבָּנָן וְרַבּוֹתַי. אֶפְתְּחָה בְּשִׁיר פִּי וּשְׂפָתַי. וְתֹאמַרְנָה
עַצְמוֹתַי. בָּרוּךְ הַבָּא בְּשֵׁם יְהֹוָה. המסובים: **נוֹדֶה לְשִׁמְךָ ...**

המזמן: בִּרְשׁוּת מָרָנָן וְרַבָּנָן וְרַבּוֹתַי נְבָרֵךְ אֱלֹהֵינוּ שֶׁאָכַלְנוּ מִשֶּׁלּוֹ:
ועונים המסובים ואזמזמן חוזר: **בָּרוּךְ אֱלֹהֵינוּ שֶׁאָכַלְנוּ מִשֶּׁלּוֹ וּבְטוּבוֹ חָיִינוּ:**

יחיד אינו אומר: בָּרוּךְ הוּא וּבָרוּךְ שְׁמוֹ.

בָּרוּךְ אַתָּה יְהֹוָה

אֱלֹהֵינוּ מֶלֶךְ הָעוֹלָם, הַזָּן אֶת הָעוֹלָם כֻּלּוֹ. בְּטוּבוֹ בְּחֵן בְּחֶסֶד וּבְרַחֲמִים. הוּא נוֹתֵן לֶחֶם לְכָל בָּשָׂר. כִּי לְעוֹלָם חַסְדּוֹ. וּבְטוּבוֹ הַגָּדוֹל תָּמִיד לֹא חָסַר לָנוּ וְאַל יֶחְסַר לָנוּ מָזוֹן לְעוֹלָם וָעֶד. בַּעֲבוּר שְׁמוֹ הַגָּדוֹל. כִּי הוּא אֵל זָן וּמְפַרְנֵס לַכֹּל וּמֵטִיב לַכֹּל וּמֵכִין מָזוֹן לְכָל בְּרִיּוֹתָיו אֲשֶׁר בָּרָא. כָּאָמוּר. פּוֹתֵחַ אֶת יָדֶךָ וּמַשְׂבִּיעַ לְכָל חַי רָצוֹן: בָּרוּךְ אַתָּה יְהֹוָה. הַזָּן אֶת הַכֹּל:

נוֹדֶה לְךָ יְהֹוָה אֱלֹהֵינוּ.

עַל שֶׁהִנְחַלְתָּ לַאֲבוֹתֵינוּ אֶרֶץ חֶמְדָּה טוֹבָה וּרְחָבָה. וְעַל שֶׁהוֹצֵאתָנוּ יְהֹוָה אֱלֹהֵינוּ מֵאֶרֶץ מִצְרַיִם. וּפְדִיתָנוּ מִבֵּית עֲבָדִים. וְעַל בְּרִיתְךָ שֶׁחָתַמְתָּ בִּבְשָׂרֵנוּ. וְעַל תּוֹרָתְךָ שֶׁלִּמַּדְתָּנוּ. וְעַל חֻקֶּיךָ שֶׁהוֹדַעְתָּנוּ. וְעַל חַיִּים חֵן וָחֶסֶד שֶׁחוֹנַנְתָּנוּ. וְעַל אֲכִילַת מָזוֹן שֶׁאַתָּה זָן וּמְפַרְנֵס אוֹתָנוּ תָּמִיד. בְּכָל יוֹם וּבְכָל עֵת וּבְכָל שָׁעָה:

בחנוכה מוסיפים:

וְעַל הַנִּסִּים וְעַל הַפֻּרְקָן וְעַל הַגְּבוּרוֹת וְעַל הַתְּשׁוּעוֹת וְעַל הַנִּפְלָאוֹת וְעַל הַנֶּחָמוֹת וְעַל הַמִּלְחָמוֹת. שֶׁעָשִׂיתָ לַאֲבוֹתֵינוּ בַּיָּמִים הָהֵם בַּזְּמַן הַזֶּה: בִּימֵי מַתִּתְיָהוּ בֶּן יוֹחָנָן כֹּהֵן גָּדוֹל חַשְׁמוֹנַאי וּבָנָיו. כְּשֶׁעָמְדָה מַלְכוּת יָוָן הָרְשָׁעָה עַל עַמְּךָ יִשְׂרָאֵל לְהַשְׁכִּיחָם תּוֹרָתֶךָ וּלְהַעֲבִירָם מֵחֻקֵּי רְצוֹנֶךָ. וְאַתָּה בְּרַחֲמֶיךָ הָרַבִּים עָמַדְתָּ לָהֶם בְּעֵת צָרָתָם. רַבְתָּ אֶת רִיבָם. דַּנְתָּ אֶת דִּינָם. נָקַמְתָּ אֶת נִקְמָתָם. מָסַרְתָּ גִבּוֹרִים בְּיַד חַלָּשִׁים. וְרַבִּים בְּיַד מְעַטִּים. וּטְמֵאִים בְּיַד טְהוֹרִים. וּרְשָׁעִים בְּיַד צַדִּיקִים. וְזֵדִים בְּיַד עוֹסְקֵי תוֹרָתֶךָ. וּלְךָ עָשִׂיתָ שֵׁם גָּדוֹל וְקָדוֹשׁ בְּעוֹלָמֶךָ. וּלְעַמְּךָ יִשְׂרָאֵל עָשִׂיתָ תְּשׁוּעָה גְדוֹלָה וּפֻרְקָן כְּהַיּוֹם הַזֶּה. וְאַחַר כֵּן בָּאוּ בָנֶיךָ לִדְבִיר בֵּיתֶךָ. וּפִנּוּ אֶת הֵיכָלֶךָ. וְטִהֲרוּ אֶת מִקְדָּשֶׁךָ. וְהִדְלִיקוּ נֵרוֹת בְּחַצְרוֹת קָדְשֶׁךָ. וְקָבְעוּ שְׁמוֹנַת יְמֵי חֲנֻכָּה אֵלּוּ בְּהַלֵּל וּבְהוֹדָאָה וְעָשִׂיתָ עִמָּהֶם נֵס וָפֶלֶא וְנוֹדֶה לְשִׁמְךָ הַגָּדוֹל סֶלָה: יְמֵי חֲנֻכָּה אֵלּוּ. לְהוֹדוֹת וּלְהַלֵּל לְשִׁמְךָ הַגָּדוֹל:

בפורים מוסיפים:

וְעַל הַנִּסִּים וְעַל הַפֻּרְקָן וְעַל הַגְּבוּרוֹת וְעַל הַתְּשׁוּעוֹת וְעַל הַנִּפְלָאוֹת וְעַל הַנֶּחָמוֹת וְעַל הַמִּלְחָמוֹת. שֶׁעָשִׂיתָ לַאֲבוֹתֵינוּ בַּיָּמִים הָהֵם בִּזְּמַן הַזֶּה: בִּימֵי מָרְדְּכַי וְאֶסְתֵּר בְּשׁוּשַׁן הַבִּירָה. כְּשֶׁעָמַד עֲלֵיהֶם הָמָן הָרָשָׁע. בִּקֵּשׁ לְהַשְׁמִיד לַהֲרוֹג וּלְאַבֵּד אֶת כָּל הַיְּהוּדִים. מִנַּעַר וְעַד זָקֵן. טַף וְנָשִׁים. בְּיוֹם אֶחָד. בִּשְׁלֹשָׁה עָשָׂר לְחֹדֶשׁ שְׁנֵים עָשָׂר הוּא חֹדֶשׁ אֲדָר וּשְׁלָלָם לָבוֹז. וְאַתָּה בְּרַחֲמֶיךָ הָרַבִּים הֵפַרְתָּ אֶת עֲצָתוֹ. וְקִלְקַלְתָּ אֶת מַחֲשַׁבְתּוֹ. וַהֲשֵׁבוֹתָ לּוֹ גְּמוּלוֹ בְּרֹאשׁוֹ. וְתָלוּ אוֹתוֹ וְאֶת בָּנָיו עַל הָעֵץ. (וְעָשִׂיתָ עִמָּהֶם נֵס וָפֶלֶא וְנוֹדֶה לְשִׁמְךָ הַגָּדוֹל סֶלָה):

וְעַל הַכֹּל יְהֹוָה אֱלֹהֵינוּ אֲנַחְנוּ מוֹדִים לָךְ וּמְבָרְכִים אוֹתָךְ. יִתְבָּרַךְ שִׁמְךָ בְּפִי כָּל חַי תָּמִיד לְעוֹלָם וָעֶד כַּכָּתוּב: וְאָכַלְתָּ וְשָׂבָעְתָּ וּבֵרַכְתָּ אֶת יְהֹוָה אֱלֹהֶיךָ עַל הָאָרֶץ הַטֹּבָה אֲשֶׁר נָתַן לָךְ: בָּרוּךְ אַתָּה יְהֹוָה. עַל הָאָרֶץ וְעַל הַמָּזוֹן:

רַחֵם נָא יְהֹוָה אֱלֹהֵינוּ

עַל יִשְׂרָאֵל עַמֶּךָ. וְעַל יְרוּשָׁלַיִם עִירֶךָ. וְעַל צִיּוֹן מִשְׁכַּן כְּבוֹדֶךָ. וְעַל מַלְכוּת בֵּית דָּוִד מְשִׁיחֶךָ. וְעַל הַבַּיִת הַגָּדוֹל וְהַקָּדוֹשׁ שֶׁנִּקְרָא שִׁמְךָ עָלָיו: אֱלֹהֵינוּ. אָבִינוּ. רְעֵנוּ זוּנֵנוּ פַּרְנְסֵנוּ וְכַלְכְּלֵנוּ וְהַרְוִיחֵנוּ. וְהַרְוַח לָנוּ יְהֹוָה אֱלֹהֵינוּ מְהֵרָה מִכָּל צָרוֹתֵינוּ. וְנָא אַל תַּצְרִיכֵנוּ יְהֹוָה אֱלֹהֵינוּ לֹא לִידֵי מַתְּנַת בָּשָׂר וָדָם וְלֹא לִידֵי הַלְוָאָתָם כִּי אִם לְיָדְךָ הַמְּלֵאָה. הַפְּתוּחָה. הַקְּדוֹשָׁה וְהָרְחָבָה. שֶׁלֹּא נֵבוֹשׁ וְלֹא נִכָּלֵם לְעוֹלָם וָעֶד:

בשבת מוסיפים:

רְצֵה וְהַחֲלִיצֵנוּ יְהֹוָה אֱלֹהֵינוּ בְּמִצְוֹתֶיךָ וּבְמִצְוַת יוֹם הַשְּׁבִיעִי הַשַּׁבָּת הַגָּדוֹל וְהַקָּדוֹשׁ הַזֶּה. כִּי יוֹם זֶה גָּדוֹל וְקָדוֹשׁ הוּא לְפָנֶיךָ לִשְׁבָּת־בּוֹ וְלָנוּחַ בּוֹ בְּאַהֲבָה כְּמִצְוַת רְצוֹנֶךָ. וּבִרְצוֹנְךָ הָנִיחַ לָנוּ יְהֹוָה אֱלֹהֵינוּ שֶׁלֹּא תְהֵא צָרָה וְיָגוֹן וַאֲנָחָה בְּיוֹם מְנוּחָתֵנוּ. וְהַרְאֵנוּ יְהֹוָה אֱלֹהֵינוּ בְּנֶחָמַת צִיּוֹן עִירֶךָ וּבְבִנְיַן יְרוּשָׁלַיִם עִיר קָדְשֶׁךָ. כִּי אַתָּה הוּא בַּעַל הַיְשׁוּעוֹת וּבַעַל הַנֶּחָמוֹת:

בראש חדש ויום טוב וחול המועד מוסיפים:

אֱלֹהֵינוּ וֵאלֹהֵי אֲבוֹתֵינוּ

יַעֲלֶה וְיָבֹא וְיַגִּיעַ וְיֵרָאֶה וְיֵרָצֶה וְיִשָּׁמַע וְיִפָּקֵד וְיִזָּכֵר זִכְרוֹנֵנוּ וּפִקְדוֹנֵנוּ וְזִכְרוֹן אֲבוֹתֵינוּ וְזִכְרוֹן מָשִׁיחַ בֶּן דָּוִד עַבְדֶּךָ וְזִכְרוֹן יְרוּשָׁלַיִם עִיר קָדְשֶׁךָ וְזִכְרוֹן כָּל עַמְּךָ בֵּית יִשְׂרָאֵל לְפָנֶיךָ לִפְלֵיטָה לְטוֹבָה לְחֵן וּלְחֶסֶד וּלְרַחֲמִים לְחַיִּים (טוֹבִים) וּלְשָׁלוֹם בְּיוֹם

לראש-חודש: רֹאשׁ הַחֹדֶשׁ הַזֶּה:

לפסח: חַג הַמַּצּוֹת הַזֶּה:

לשבועות: חַג הַשָּׁבֻעוֹת הַזֶּה:

לסוכות: חַג הַסֻּכּוֹת הַזֶּה:

לשמיני עצרת: שְׁמִינִי עֲצֶרֶת הַחַג הַזֶּה:

לראש השנה: הַזִּכָּרוֹן הַזֶּה:

לילדים האוכלים ביום הכיפורים: הַכִּפּוּרִים הַזֶּה.

זָכְרֵנוּ יְהֹוָה אֱלֹהֵינוּ בּוֹ לְטוֹבָה וּפָקְדֵנוּ בוֹ לִבְרָכָה וְהוֹשִׁיעֵנוּ בוֹ לְחַיִּים (טוֹבִים). וּבִדְבַר יְשׁוּעָה וְרַחֲמִים חוּס וְחָנֵּנוּ וְרַחֵם עָלֵינוּ וְהוֹשִׁיעֵנוּ כִּי אֵלֶיךָ עֵינֵינוּ כִּי אֵל חַנּוּן וְרַחוּם אָתָּה:

וּבְנֵה יְרוּשָׁלַיִם עִיר הַקֹּדֶשׁ בִּמְהֵרָה בְיָמֵינוּ. בָּרוּךְ אַתָּה יְהֹוָה. בּוֹנֵה בְרַחֲמָיו יְרוּשָׁלָיִם: אָמֵן:

ברכות למי ששכח לומר "רצה" או "יעלה ויבוא":

שכח לומר "רצה" בשבת או "יעלה ויבוא" בראש חודש, יום טוב או חול המועד, ונזכר קודם שאמר "ה'" בברכת "בונה ברחמיו ירושלים", אומר אותו שם. אבל אם אמר "ה'" אם נזכר קודם שהתחיל "הטוב והמיטיב" יאמר:

בשבת: בָּרוּךְ אַתָּה יְהֹוָה אֱלֹהֵינוּ מֶלֶךְ הָעוֹלָם אֲשֶׁר נָתַן שַׁבָּתוֹת לִמְנוּחָה לְעַמּוֹ יִשְׂרָאֵל בְּאַהֲבָה לְאוֹת וְלִבְרִית: בָּרוּךְ אַתָּה יְהֹוָה מְקַדֵּשׁ הַשַּׁבָּת:

ביום-טוב ובחול המועד: בָּרוּךְ אַתָּה יְהֹוָה אֱלֹהֵינוּ מֶלֶךְ הָעוֹלָם אֲשֶׁר נָתַן יָמִים טוֹבִים (בחול המועד מוֹעֲדִים) לְעַמּוֹ יִשְׂרָאֵל לְשָׂשׂוֹן וּלְשִׂמְחָה אֶת יוֹם

בפסח: חַג הַמַּצּוֹת: בשבועות: חַג הַשָּׁבוּעוֹת:

בסוכות: חַג הַסֻּכּוֹת: בשמיני עצרת: שְׁמִינִי עֲצֶרֶת הַחַג הַזֶּה:

בָּרוּךְ אַתָּה יְהֹוָה מְקַדֵּשׁ יִשְׂרָאֵל וְהַזְּמַנִּים:

ביום-טוב שחל בשבת: בָּרוּךְ אַתָּה יְהֹוָה אֱלֹהֵינוּ מֶלֶךְ הָעוֹלָם אֲשֶׁר נָתַן שַׁבָּתוֹת לִמְנוּחָה לְעַמּוֹ יִשְׂרָאֵל בְּאַהֲבָה לְאוֹת וְלִבְרִית וְיָמִים טוֹבִים (בחול המועד מוֹעֲדִים) לְשָׂשׂוֹן וּלְשִׂמְחָה אֶת יוֹם בפסח חַג הַמַּצּוֹת: בשבועות חַג הַשָּׁבוּעוֹת:
בסוכות חַג הַסֻּכּוֹת: בשמיני עצרת שְׁמִינִי עֲצֶרֶת הַחַג הַזֶּה:
בָּרוּךְ אַתָּה יְהֹוָה מְקַדֵּשׁ הַשַּׁבָּת וְיִשְׂרָאֵל וְהַזְּמַנִּים:

בראש השנה: בָּרוּךְ אַתָּה יְהֹוָה אֱלֹהֵינוּ מֶלֶךְ הָעוֹלָם אֲשֶׁר נָתַן יָמִים טוֹבִים לְעַמּוֹ יִשְׂרָאֵל אֶת יוֹם הַזִּכָּרוֹן הַזֶּה: בָּרוּךְ אַתָּה יְהֹוָה מְקַדֵּשׁ יִשְׂרָאֵל וְיוֹם הַזִּכָּרוֹן:

בראש השנה שחל בשבת: בָּרוּךְ אַתָּה יְהֹוָה אֱלֹהֵינוּ מֶלֶךְ הָעוֹלָם אֲשֶׁר נָתַן שַׁבָּתוֹת לִמְנוּחָה לְעַמּוֹ יִשְׂרָאֵל בְּאַהֲבָה לְאוֹת וְלִבְרִית וְיָמִים טוֹבִים לְיִשְׂרָאֵל אֶת יוֹם הַזִּכָּרוֹן הַזֶּה: בָּרוּךְ אַתָּה יְהֹוָה מְקַדֵּשׁ הַשַּׁבָּת וְיִשְׂרָאֵל וְיוֹם הַזִּכָּרוֹן:

בראש חודש: בָּרוּךְ אַתָּה יְהֹוָה אֱלֹהֵינוּ מֶלֶךְ הָעוֹלָם אֲשֶׁר נָתַן רָאשֵׁי חֳדָשִׁים לְעַמּוֹ יִשְׂרָאֵל לְזִכָּרוֹן:

בראש חודש שחל בשבת: בָּרוּךְ אַתָּה יְהֹוָה אֱלֹהֵינוּ מֶלֶךְ הָעוֹלָם אֲשֶׁר נָתַן שַׁבָּתוֹת לִמְנוּחָה לְעַמּוֹ יִשְׂרָאֵל בְּאַהֲבָה לְאוֹת וְלִבְרִית וְרָאשֵׁי חֳדָשִׁים לְזִכָּרוֹן:
בָּרוּךְ אַתָּה יְהֹוָה מְקַדֵּשׁ הַשַּׁבָּת וְיִשְׂרָאֵל וְרָאשֵׁי חֳדָשִׁים:

בָּרוּךְ אַתָּה יְהֹוָה

אֱלֹהֵינוּ מֶלֶךְ הָעוֹלָם. הָאֵל. אָבִינוּ. מַלְכֵּנוּ. אַדִּירֵנוּ. בּוֹרְאֵנוּ. גּוֹאֲלֵנוּ. יוֹצְרֵנוּ. קְדוֹשֵׁנוּ קְדוֹשׁ יַעֲקֹב. רוֹעֵנוּ רוֹעֵה יִשְׂרָאֵל. הַמֶּלֶךְ הַטּוֹב וְהַמֵּטִיב לַכֹּל. שֶׁבְּכָל יוֹם וָיוֹם הוּא הֵטִיב הוּא מֵטִיב הוּא יֵיטִיב לָנוּ. הוּא גְמָלָנוּ הוּא גוֹמְלֵנוּ הוּא יִגְמְלֵנוּ לָעַד לְחֵן וּלְחֶסֶד וּלְרַחֲמִים וּלְרֶוַח. הַצָּלָה וְהַצְלָחָה. בְּרָכָה וִישׁוּעָה. נֶחָמָה. פַּרְנָסָה וְכַלְכָּלָה. וְרַחֲמִים וְחַיִּים וְשָׁלוֹם וְכָל טוֹב. וּמִכָּל טוּב לְעוֹלָם אַל יְחַסְּרֵנוּ: ועונים: אָמֵן.

הָרַחֲמָן הוּא

יִמְלֹךְ עָלֵינוּ לְעוֹלָם וָעֶד: הָרַחֲמָן הוּא יִתְבָּרַךְ בַּשָּׁמַיִם וּבָאָרֶץ: הָרַחֲמָן הוּא יִשְׁתַּבַּח לְדוֹר דּוֹרִים. וְיִתְפָּאַר בָּנוּ לָעַד וּלְנֵצַח נְצָחִים. וְיִתְהַדַּר בָּנוּ לָעַד וּלְעוֹלְמֵי עוֹלָמִים: הָרַחֲמָן הוּא יְפַרְנְסֵנוּ בְּכָבוֹד: הָרַחֲמָן הוּא יִשְׁבֹּר עֻלֵּנוּ מֵעַל צַוָּארֵנוּ וְהוּא יוֹלִיכֵנוּ קוֹמְמִיּוּת לְאַרְצֵנוּ: הָרַחֲמָן הוּא יִשְׁלַח לָנוּ בְּרָכָה מְרֻבָּה בַּבַּיִת הַזֶּה וְעַל שֻׁלְחָן זֶה שֶׁאָכַלְנוּ עָלָיו: הָרַחֲמָן הוּא יִשְׁלַח לָנוּ אֶת אֵלִיָּהוּ הַנָּבִיא זָכוּר לַטּוֹב וִיבַשֶּׂר לָנוּ בְּשׂוֹרוֹת טוֹבוֹת יְשׁוּעוֹת וְנֶחָמוֹת:

אורח יאמר: הָרַחֲמָן הוּא יְבָרֵךְ אֶת (אָבִי מוֹרִי) בַּעַל הַבַּיִת הַזֶּה וְאֶת (אִמִּי מוֹרָתִי) בַּעֲלַת הַבַּיִת הַזֶּה. אוֹתָם וְאֶת בֵּיתָם וְאֶת זַרְעָם וְאֶת כָּל אֲשֶׁר לָהֶם.
בעל-הבית יאמר: הָרַחֲמָן הוּא יְבָרֵךְ אוֹתִי (וְאָבִי וְאִמִּי) וְאִשְׁתִּי וְזַרְעִי וְאֶת כָּל אֲשֶׁר לִי. אוֹתָנוּ וְאֶת כָּל אֲשֶׁר לָנוּ. כְּמוֹ שֶׁנִּתְבָּרְכוּ אֲבוֹתֵינוּ אַבְרָהָם יִצְחָק וְיַעֲקֹב, בַּכֹּל. מִכֹּל. כֹּל. כֵּן יְבָרֵךְ אוֹתָנוּ כֻּלָּנוּ יַחַד בִּבְרָכָה שְׁלֵמָה. וְנֹאמַר אָמֵן: בַּמָּרוֹם יְלַמְּדוּ עֲלֵיהֶם וְעָלֵינוּ זְכוּת שֶׁתְּהֵא לְמִשְׁמֶרֶת שָׁלוֹם. וְנִשָּׂא בְרָכָה מֵאֵת יְהוָה. וּצְדָקָה מֵאֱלֹהֵי יִשְׁעֵנוּ. וְנִמְצָא חֵן וְשֵׂכֶל טוֹב בְּעֵינֵי אֱלֹהִים וְאָדָם:

בסעודת ברית מילה יוסיף ויאמר:

הָרַחֲמָן, הוּא יְבָרֵךְ אֲבִי הַיֶּלֶד וְאִמּוֹ, וְיִזְכּוּ לְגַדְּלוֹ וּלְחַנְּכוֹ וּלְחַכְּמוֹ, מִיּוֹם הַשְּׁמִינִי וָהָלְאָה יֵרָצֶה דָמוֹ, וִיהִי יְיָ אֱלֹהָיו עִמּוֹ: ועונים אָמֵן
הָרַחֲמָן, הוּא יְבָרֵךְ בַּעַל בְּרִית הַמִּילָה, אֲשֶׁר שָׂשׂ לַעֲשׂוֹת צֶדֶק בְּגִילָה, וִישַׁלֵּם פָּעֳלוֹ וּמַשְׂכֻּרְתּוֹ כְּפוּלָה, וְיִתְּנֵהוּ לְמַעְלָה לְמָעְלָה: ועונים אָמֵן
הָרַחֲמָן, הוּא יְבָרֵךְ רַךְ הַנִּמּוֹל לִשְׁמוֹנָה, וְיִהְיוּ יָדָיו וְלִבּוֹ לָאֵל אֱמוּנָה, וְיִזְכֶּה לִרְאוֹת פְּנֵי הַשְּׁכִינָה, שָׁלֹשׁ פְּעָמִים בַּשָּׁנָה: ועונים אָמֵן
הָרַחֲמָן, הוּא יְבָרֵךְ הַמָּל בְּשַׂר הָעָרְלָה, וּפָרַע וּמָצַץ דְּמֵי הַמִּילָה, אִישׁ הַיָּרֵא וְרַךְ הַלֵּבָב עֲבוֹדָתוֹ פְּסוּלָה, אִם שְׁלָשׁ אֵלֶּה לֹא יַעֲשֶׂה לָהּ: ועונים אָמֵן
הָרַחֲמָן, הוּא יִשְׁלַח לָנוּ מְשִׁיחוֹ הוֹלֵךְ תָּמִים, בִּזְכוּת חֲתַן לַמּוּלוֹת דָּמִים, לְבַשֵּׂר בְּשׂוֹרוֹת טוֹבוֹת וְנִחוּמִים, לְעַם אֶחָד מְפֻזָּר וּמְפֹרָד בֵּין הָעַמִּים: ועונים אָמֵן
הָרַחֲמָן, הוּא יִשְׁלַח לָנוּ כֹּהֵן צֶדֶק אֲשֶׁר לֻקַּח לְעֵילוֹם, עַד הוּכַן כִּסְאוֹ כַּשֶּׁמֶשׁ וְיַהֲלוֹם, וַיָּלֶט פָּנָיו בְּאַדַּרְתּוֹ וַיִּגְלֹם, בְּרִיתִי הָיְתָה אִתּוֹ הַחַיִּים וְהַשָּׁלוֹם: ועונים אָמֵן

לשבת: הָרַחֲמָן הוּא יַנְחִילֵנוּ יוֹם שֶׁכֻּלּוֹ שַׁבָּת וּמְנוּחָה לְחַיֵּי הָעוֹלָמִים:
לראש חדש: הָרַחֲמָן הוּא יְחַדֵּשׁ עָלֵינוּ אֶת הַחֹדֶשׁ הַזֶּה לְטוֹבָה וְלִבְרָכָה:
ליום-טוב: הָרַחֲמָן הוּא יַנְחִילֵנוּ יוֹם שֶׁכֻּלּוֹ טוֹב:
לראש השנה: הָרַחֲמָן הוּא יְחַדֵּשׁ עָלֵינוּ אֶת הַשָּׁנָה הַזֹּאת לְטוֹבָה וְלִבְרָכָה:
לסוכות: הָרַחֲמָן הוּא יָקִים לָנוּ אֶת סֻכַּת דָּוִד הַנּוֹפָלֶת:

הָרַחֲמָן הוּא יְזַכֵּנוּ לִימוֹת הַמָּשִׁיחַ וּלְחַיֵּי הָעוֹלָם הַבָּא: מַגְדִּיל (ביום שיש בו מוסף: מִגְדּוֹל) יְשׁוּעוֹת מַלְכּוֹ וְעֹשֶׂה חֶסֶד לִמְשִׁיחוֹ לְדָוִד וּלְזַרְעוֹ עַד עוֹלָם: עֹשֶׂה שָׁלוֹם בִּמְרוֹמָיו הוּא יַעֲשֶׂה שָׁלוֹם עָלֵינוּ וְעַל כָּל יִשְׂרָאֵל וְאִמְרוּ אָמֵן: יְראוּ אֶת יְהוָה קְדוֹשָׁיו כִּי אֵין מַחְסוֹר לִירֵאָיו: כְּפִירִים רָשׁוּ וְרָעֵבוּ וְדוֹרְשֵׁי יְהוָה לֹא יַחְסְרוּ כָל טוֹב: הוֹדוּ לַיהוָה כִּי טוֹב כִּי לְעוֹלָם חַסְדּוֹ: פּוֹתֵחַ אֶת יָדֶךָ וּמַשְׂבִּיעַ לְכָל חַי רָצוֹן: בָּרוּךְ הַגֶּבֶר אֲשֶׁר יִבְטַח בַּיהוָה וְהָיָה יְהוָה מִבְטַחוֹ:

נַעַר הָיִיתִי גַּם זָקַנְתִּי וְלֹא רָאִיתִי צַדִּיק נֶעֱזָב וְזַרְעוֹ מְבַקֶּשׁ לָחֶם: יְהֹוָה עֹז
לְעַמּוֹ יִתֵּן יְהֹוָה יְבָרֵךְ אֶת עַמּוֹ בַשָּׁלוֹם:

ברכה אחרונה מעין שלוש

(על מיני מזונות מחמשת מיני דגן, על יין או מיץ ענבים ועל פירות משבעת המינים)

בָּרוּךְ אַתָּה יְהֹוָה אֱלֹהֵינוּ מֶלֶךְ הָעוֹלָם

על היין: עַל הַגֶּפֶן וְעַל פְּרִי הַגֶּפֶן

על פירות משבעת המינים: הָעֵץ וְעַל פְּרִי הָעֵץ

על מזונות: הַמִּחְיָה וְעַל הַכַּלְכָּלָה

על מזונות ויין ביחד: הַמִּחְיָה וְעַל הַכַּלְכָּלָה וְעַל הַגֶּפֶן וְעַל פְּרִי הַגֶּפֶן

וְעַל תְּנוּבַת הַשָּׂדֶה וְעַל אֶרֶץ חֶמְדָּה טוֹבָה וּרְחָבָה שֶׁרָצִיתָ וְהִנְחַלְתָּ לַאֲבוֹתֵינוּ לֶאֱכֹל מִפִּרְיָהּ וְלִשְׂבּוֹעַ מִטּוּבָהּ. רַחֵם (נָא) יְהֹוָה אֱלֹהֵינוּ עַל יִשְׂרָאֵל עַמֶּךָ וְעַל יְרוּשָׁלַיִם עִירֶךָ וְעַל צִיּוֹן מִשְׁכַּן כְּבוֹדֶךָ וְעַל מִזְבְּחֶךָ וְעַל הֵיכָלֶךָ. וּבְנֵה יְרוּשָׁלַיִם עִיר הַקֹּדֶשׁ בִּמְהֵרָה בְיָמֵינוּ וְהַעֲלֵנוּ לְתוֹכָהּ וְשַׂמְּחֵנוּ בְּבִנְיָנָהּ וְנֹאכַל מִפִּרְיָהּ וְנִשְׂבַּע מִטּוּבָהּ וּנְבָרֶכְךָ עָלֶיהָ בִּקְדֻשָּׁה וּבְטָהֳרָה:

בשבת: וּרְצֵה וְהַחֲלִיצֵנוּ בְּיוֹם הַשַּׁבָּת הַזֶּה:

בראש-חודש: וְזָכְרֵנוּ לְטוֹבָה בְּיוֹם רֹאשׁ הַחֹדֶשׁ הַזֶּה: בראש השנה: וְזָכְרֵנוּ לְטוֹבָה בְּיוֹם הַזִּכָּרוֹן הַזֶּה: ביום-טוב: וְשַׂמְּחֵנוּ בְּיוֹם.. פסח: ..חַג הַמַּצּוֹת
שבועות: ..חַג הַשָּׁבוּעוֹת סוכות: ..חַג הַסֻּכּוֹת שמיני עצרת: ..שְׁמִינִי עֲצֶרֶת הַחַג הַזֶּה:

כִּי אַתָּה יְהֹוָה טוֹב וּמֵטִיב לַכֹּל וְנוֹדֶה לְּךָ עַל הָאָרֶץ וְעַל

על היין: פְּרִי הַגָּפֶן: בָּרוּךְ אַתָּה יְהֹוָה עַל הָאָרֶץ וְעַל פְּרִי (גידולי א"י: גַּפְנָהּ) (גידול מחו"ל: הַגָּפֶן):

על הפירות: הַפֵּרוֹת: בָּרוּךְ אַתָּה יְהֹוָה עַל הָאָרֶץ וְעַל : (גידולי א"י: פֵּרוֹתֶיהָ) (גידול מחו"ל: הַפֵּרוֹת):

על מזונות: הַמִּחְיָה: בָּרוּךְ אַתָּה יְהֹוָה עַל הָאָרֶץ וְעַל הַמִּחְיָה וְעַל הַכַּלְכָּלָה:

על מזונות ויין ביחד: הַמִּחְיָה וְעַל פְּרִי הַגָּפֶן: בָּרוּךְ אַתָּה יְהֹוָה עַל הָאָרֶץ וְעַל הַמִּחְיָה וְעַל הַכַּלְכָּלָה וְעַל פְּרִי (גידולי א"י: גַּפְנָהּ). (גידול מחו"ל: הַגָּפֶן):

ברכת בורא נפשות

על פירות האילן (חוץ משבעת המינים), ופירות האדמה וירקות, ועל כל המשקין, ועל דבר שאין גידולו מן הארץ מברכין אחר אכילתן:

בָּרוּךְ אַתָּה יְהֹוָה אֱלֹהֵינוּ מֶלֶךְ הָעוֹלָם בּוֹרֵא נְפָשׁוֹת רַבּוֹת וְחֶסְרוֹנָן עַל כָּל מַה שֶּׁבָּרָא לְהַחֲיוֹת בָּהֶם נֶפֶשׁ כָּל חָי בָּרוּךְ חֵי הָעוֹלָמִים:

סדר ברכת המזון

נוסח ספרדי

לַמְנַצֵּחַ בִּנְגִינֹת מִזְמוֹר שִׁיר: אֱלֹהִים יְחָנֵּנוּ וִיבָרְכֵנוּ יָאֵר פָּנָיו אִתָּנוּ סֶלָה: לָדַעַת בָּאָרֶץ דַּרְכֶּךָ בְּכָל־גּוֹיִם יְשׁוּעָתֶךָ: יוֹדוּךָ עַמִּים אֱלֹהִים יוֹדוּךָ עַמִּים כֻּלָּם: יִשְׂמְחוּ וִירַנְּנוּ לְאֻמִּים כִּי־תִשְׁפֹּט עַמִּים מִישֹׁר וּלְאֻמִּים בָּאָרֶץ תַּנְחֵם סֶלָה: יוֹדוּךָ עַמִּים אֱלֹהִים יוֹדוּךָ עַמִּים כֻּלָּם: אֶרֶץ נָתְנָה יְבוּלָהּ יְבָרְכֵנוּ אֱלֹהִים אֱלֹהֵינוּ: יְבָרְכֵנוּ אֱלֹהִים וְיִירְאוּ אוֹתוֹ כָּל־אַפְסֵי־אָרֶץ:

אֲבָרְכָה אֶת יְהוָה בְּכָל עֵת תָּמִיד תְּהִלָּתוֹ בְּפִי: סוֹף דָּבָר הַכֹּל נִשְׁמָע אֶת הָאֱלֹהִים יְרָא וְאֶת מִצְוֹתָיו שְׁמוֹר כִּי זֶה כָּל הָאָדָם: תְּהִלַּת יְהוָה יְדַבֶּר פִּי וִיבָרֵךְ כָּל־בָּשָׂר שֵׁם קָדְשׁוֹ לְעוֹלָם וָעֶד: וַאֲנַחְנוּ נְבָרֵךְ יָהּ מֵעַתָּה וְעַד־עוֹלָם הַלְלוּיָהּ: וַיְדַבֵּר אֵלַי זֶה הַשֻּׁלְחָן אֲשֶׁר לִפְנֵי יְהוָה:

נטילת ידיים: מים אחרונים חובה קודם ברכת המזון, ואין להפסיק בין נטילה לברכת המזון אף בדברי תורה. כשנוטל כוס לברך ברכת המזון נוהגים לומר: "כוס ישועות אשא ובשם ה' אקרא". קודם שיברך יאמר:

הֲרֵינִי מוּכָן וּמְזֻמָּן לְקַיֵּם מִצְוַת עֲשֵׂה שֶׁל בִּרְכַּת הַמָּזוֹן שֶׁנֶּאֱמַר, וְאָכַלְתָּ וְשָׂבָעְתָּ וּבֵרַכְתָּ אֶת יְהוָה אֱלֹהֶיךָ, עַל הָאָרֶץ הַטּוֹבָה, אֲשֶׁר נָתַן לָךְ:

אם במסובים יש שלושה, או יותר, גברים בני מצוות, חייבים הסועדים בזימון, וכך מזמנין:

הַב לָן וְנִבְרִיךְ לְמַלְכָּא עִלָּאָה קַדִּישָׁא עונים: שָׁמַיִם.

בִּרְשׁוּת מַלְכָּא עִלָּאָה קַדִּישָׁא וּבִרְשׁוּת מוֹרַי וְרַבּוֹתַי וּבִרְשׁוּתְכֶם נְבָרֵךְ (בעשרה ויותר: אֱלֹהֵינוּ) בסעודת חתן: שֶׁהַשִּׂמְחָה בִּמְעוֹנוֹ שֶׁאָכַלְנוּ מִשֶּׁלּוֹ:

המסובים ואחר-כך המברך: בָּרוּךְ (בעשרה ויותר: אֱלֹהֵינוּ) בסעודת חתן: שֶׁהַשִּׂמְחָה בִּמְעוֹנוֹ שֶׁאָכַלְנוּ מִשֶּׁלּוֹ וּבְטוּבוֹ חָיִינוּ:

כשאין שלושה מתחילים מכאן:

בָּרוּךְ אַתָּה יְהוָה אֱלֹהֵינוּ מֶלֶךְ הָעוֹלָם הָאֵל הַזָּן אוֹתָנוּ וְאֶת הָעוֹלָם כֻּלּוֹ בְּטוּבוֹ בְּחֵן בְּחֶסֶד בְּרֶוַח וּבְרַחֲמִים רַבִּים. נֹתֵן לֶחֶם לְכָל־בָּשָׂר. כִּי לְעוֹלָם חַסְדּוֹ: וּבְטוּבוֹ הַגָּדוֹל תָּמִיד לֹא חָסַר לָנוּ וְאַל יֶחְסַר לָנוּ מָזוֹן תָּמִיד לְעוֹלָם וָעֶד. כִּי הוּא אֵל זָן וּמְפַרְנֵס לַכֹּל וְשֻׁלְחָנוֹ עָרוּךְ לַכֹּל וְהִתְקִין מִחְיָה וּמָזוֹן לְכָל־בְּרִיּוֹתָיו אֲשֶׁר בָּרָא בְּרַחֲמָיו וּבְרוֹב חֲסָדָיו כָּאָמוּר פּוֹתֵחַ אֶת יָדֶךָ. וּמַשְׂבִּיעַ לְכָל חַי רָצוֹן: בָּרוּךְ אַתָּה יְהוָה הַזָּן אֶת הַכֹּל:

נוֹדֶה לְּךָ יְהֹוָה

אֱלֹהֵינוּ עַל שֶׁהִנְחַלְתָּ לַאֲבוֹתֵינוּ אֶרֶץ חֶמְדָּה טוֹבָה וּרְחָבָה בְּרִית וְתוֹרָה חַיִּים וּמָזוֹן. עַל שֶׁהוֹצֵאתָנוּ מֵאֶרֶץ מִצְרַיִם וּפְדִיתָנוּ מִבֵּית עֲבָדִים. וְעַל בְּרִיתְךָ שֶׁחָתַמְתָּ בִּבְשָׂרֵנוּ. וְעַל תּוֹרָתְךָ שֶׁלִּמַּדְתָּנוּ. וְעַל חֻקֵּי רְצוֹנָךְ שֶׁהוֹדַעְתָּנוּ. וְעַל חַיִּים וּמָזוֹן שֶׁאַתָּה זָן וּמְפַרְנֵס אוֹתָנוּ:

בחנוכה מוסיפים:

וְעַל הַנִּסִּים וְעַל הַפֻּרְקָן. וְעַל הַגְּבוּרוֹת. וְעַל הַתְּשׁוּעוֹת וְעַל הַנִּפְלָאוֹת וְעַל הַנֶּחָמוֹת שֶׁעָשִׂיתָ לַאֲבוֹתֵינוּ בַּיָּמִים הָהֵם בַּזְּמַן הַזֶּה: בִּימֵי מַתִּתְיָה בֶּן יוֹחָנָן כֹּהֵן גָּדוֹל חַשְׁמוֹנַאי וּבָנָיו כְּשֶׁעָמְדָה מַלְכוּת יָוָן הָרְשָׁעָה עַל עַמְּךָ יִשְׂרָאֵל לְשַׁכְּחָם תּוֹרָתָךְ וּלְהַעֲבִירָם מֵחֻקֵּי רְצוֹנָךְ. וְאַתָּה בְּרַחֲמֶיךָ הָרַבִּים עָמַדְתָּ לָהֶם בְּעֵת צָרָתָם. רַבְתָּ אֶת רִיבָם. דַּנְתָּ אֶת דִּינָם. נָקַמְתָּ אֶת נִקְמָתָם. מָסַרְתָּ גִּבּוֹרִים בְּיַד חַלָּשִׁים. וְרַבִּים בְּיַד מְעַטִּים. וּרְשָׁעִים בְּיַד צַדִּיקִים. וּטְמֵאִים בְּיַד טְהוֹרִים. וְזֵדִים בְּיַד עוֹסְקֵי תוֹרָתֶךָ. לְךָ עָשִׂיתָ שֵׁם גָּדוֹל וְקָדוֹשׁ בְּעוֹלָמָךְ. וּלְעַמְּךָ יִשְׂרָאֵל עָשִׂיתָ תְּשׁוּעָה גְדוֹלָה וּפֻרְקָן כְּהַיּוֹם הַזֶּה. וְאַחַר כָּךְ בָּאוּ בָנֶיךָ לִדְבִיר בֵּיתֶךָ וּפִנּוּ אֶת הֵיכָלֶךָ. וְטִהֲרוּ אֶת מִקְדָּשֶׁךָ. וְהִדְלִיקוּ נֵרוֹת בְּחַצְרוֹת קָדְשֶׁךָ. וְקָבְעוּ שְׁמוֹנַת יְמֵי חֲנֻכָּה אֵלּוּ בְּהַלֵּל וּבְהוֹדָאָה. וְעָשִׂיתָ עִמָּהֶם נִסִּים וְנִפְלָאוֹת וְנוֹדֶה לְשִׁמְךָ הַגָּדוֹל סֶלָה:

בפורים מוסיפים:

וְעַל הַנִּסִּים וְעַל הַפֻּרְקָן. וְעַל הַגְּבוּרוֹת. וְעַל הַתְּשׁוּעוֹת וְעַל הַנִּפְלָאוֹת וְעַל הַנֶּחָמוֹת שֶׁעָשִׂיתָ לַאֲבוֹתֵינוּ בַּיָּמִים הָהֵם בַּזְּמַן הַזֶּה:

בִּימֵי מָרְדְּכַי וְאֶסְתֵּר בְּשׁוּשַׁן הַבִּירָה. כְּשֶׁעָמַד עֲלֵיהֶם הָמָן הָרָשָׁע. בִּקֵּשׁ לְהַשְׁמִיד לַהֲרֹג וּלְאַבֵּד אֶת כָּל הַיְּהוּדִים מִנַּעַר וְעַד זָקֵן טַף וְנָשִׁים בְּיוֹם אֶחָד בִּשְׁלֹשָׁה עָשָׂר לְחֹדֶשׁ שְׁנֵים עָשָׂר הוּא חֹדֶשׁ אֲדָר וּשְׁלָלָם לָבוֹז. וְאַתָּה בְּרַחֲמֶיךָ הָרַבִּים הֵפַרְתָּ אֶת עֲצָתוֹ. וְקִלְקַלְתָּ אֶת מַחֲשַׁבְתּוֹ. וַהֲשֵׁבוֹתָ לּוֹ גְּמוּלוֹ בְּרֹאשׁוֹ. וְתָלוּ אוֹתוֹ וְאֶת בָּנָיו עַל הָעֵץ. וְעָשִׂיתָ עִמָּהֶם נֵס וָפֶלֶא וְנוֹדֶה לְשִׁמְךָ הַגָּדוֹל סֶלָה:

(וְ)עַל הַכֹּל יְהֹוָה אֱלֹהֵינוּ אֲנַחְנוּ מוֹדִים לָךְ וּמְבָרְכִים אֶת שְׁמָךְ כָּאָמוּר וְאָכַלְתָּ וְשָׂבָעְתָּ. וּבֵרַכְתָּ אֶת יְהֹוָה אֱלֹהֶיךָ עַל הָאָרֶץ הַטֹּבָה אֲשֶׁר נָתַן לָךְ: בָּרוּךְ אַתָּה יְהֹוָה עַל הָאָרֶץ וְעַל הַמָּזוֹן:

רַחֵם יְהֹוָה אֱלֹהֵינוּ

עָלֵינוּ וְעַל יִשְׂרָאֵל עַמָּךְ. וְעַל יְרוּשָׁלַיִם עִירָךְ. וְעַל הַר צִיּוֹן מִשְׁכַּן כְּבוֹדָךְ. וְעַל הֵיכָלָךְ. וְעַל מְעוֹנָךְ. וְעַל דְּבִירָךְ. וְעַל הַבַּיִת הַגָּדוֹל וְהַקָּדוֹשׁ שֶׁנִּקְרָא שִׁמְךָ עָלָיו. אָבִינוּ רְעֵנוּ זוּנֵנוּ. פַּרְנְסֵנוּ. כַּלְכְּלֵנוּ. הַרְוִיחֵנוּ הַרְוַח לָנוּ מְהֵרָה מִכָּל צָרוֹתֵינוּ. וְנָא אַל תַּצְרִיכֵנוּ יְהֹוָה אֱלֹהֵינוּ לִידֵי מַתְּנוֹת בָּשָׂר וָדָם. וְלֹא לִידֵי הַלְוָאָתָם. אֶלָּא לְיָדְךָ הַמְּלֵאָה וְהָרְחָבָה. הָעֲשִׁירָה וְהַפְּתוּחָה. יְהִי רָצוֹן שֶׁלֹּא נֵבוֹשׁ בָּעוֹלָם הַזֶּה. וְלֹא נִכָּלֵם לְעוֹלָם הַבָּא. וּמַלְכוּת בֵּית דָּוִד מְשִׁיחָךְ תַּחֲזִירֶנָּה לִמְקוֹמָהּ בִּמְהֵרָה בְיָמֵינוּ:

בשבת מוסיפים:

רְצֵה וְהַחֲלִיצֵנוּ יְהֹוָה אֱלֹהֵינוּ בְּמִצְוֹתֶיךָ וּבְמִצְוַת יוֹם הַשְּׁבִיעִי. הַשַּׁבָּת הַגָּדוֹל וְהַקָּדוֹשׁ הַזֶּה. כִּי יוֹם גָּדוֹל וְקָדוֹשׁ הוּא מִלְּפָנֶיךָ. נִשְׁבּוֹת בּוֹ וְנָנוּחַ בּוֹ וְנִתְעַנֵּג בּוֹ כְּמִצְוַת חֻקֵּי רְצוֹנָךְ. וְאַל תְּהִי צָרָה וְיָגוֹן בְּיוֹם מְנוּחָתֵנוּ. וְהַרְאֵנוּ בְּנֶחָמַת צִיּוֹן בִּמְהֵרָה בְיָמֵינוּ. כִּי אַתָּה הוּא בַּעַל הַנֶּחָמוֹת. וְהֲגַם שֶׁאָכַלְנוּ וְשָׁתִינוּ חָרְבַּן בֵּיתְךָ הַגָּדוֹל וְהַקָּדוֹשׁ לֹא שָׁכַחְנוּ. אַל תִּשְׁכָּחֵנוּ לָנֶצַח וְאַל תִּזְנָחֵנוּ לָעַד כִּי אֵל מֶלֶךְ גָּדוֹל וְקָדוֹשׁ אָתָּה:

בראש חדש וביום טוב ובחוה"מ אומרים:

אֱלֹהֵינוּ וֵאלֹהֵי אֲבוֹתֵינוּ יַעֲלֶה וְיָבֹא וְיַגִּיעַ וְיֵרָאֶה וְיֵרָצֶה וְיִשָּׁמַע וְיִפָּקֵד וְיִזָּכֵר זִכְרוֹנֵנוּ וְזִכְרוֹן אֲבוֹתֵינוּ. זִכְרוֹן יְרוּשָׁלַיִם עִירָךְ. וְזִכְרוֹן מָשִׁיחַ בֶּן דָּוִד עַבְדָּךְ. וְזִכְרוֹן כָּל עַמְּךָ בֵּית יִשְׂרָאֵל לְפָנֶיךָ לִפְלֵיטָה לְטוֹבָה. לְחֵן לְחֶסֶד וּלְרַחֲמִים. לְחַיִּים טוֹבִים וּלְשָׁלוֹם. בְּיוֹם

בראש חודש: רֹאשׁ חֹדֶשׁ הַזֶּה:

בפסח: חַג הַמַּצּוֹת הַזֶּה בְּיוֹם (ביום-טוב אומרים: טוֹב) מִקְרָא קֹדֶשׁ הַזֶּה:

בשבועות: חַג הַשָּׁבוּעוֹת הַזֶּה בְּיוֹם טוֹב מִקְרָא קֹדֶשׁ הַזֶּה:

בסוכות: חַג הַסֻּכּוֹת הַזֶּה בְּיוֹם (ביום-טוב אומרים: טוֹב) מִקְרָא קֹדֶשׁ הַזֶּה:

בשמיני עצרת: שְׁמִינִי חַג עֲצֶרֶת הַזֶּה בְּיוֹם טוֹב מִקְרָא קֹדֶשׁ הַזֶּה:

בראש השנה: הַזִּכָּרוֹן הַזֶּה בְּיוֹם טוֹב מִקְרָא קֹדֶשׁ הַזֶּה:

לְרַחֵם בּוֹ עָלֵינוּ

וּלְהוֹשִׁיעֵנוּ. זָכְרֵנוּ יְהֹוָה אֱלֹהֵינוּ בּוֹ לְטוֹבָה. וּפָקְדֵנוּ בוֹ לִבְרָכָה. וְהוֹשִׁיעֵנוּ בוֹ לְחַיִּים טוֹבִים. בִּדְבַר יְשׁוּעָה וְרַחֲמִים. חוּס וְחָנֵּנוּ וַחֲמוֹל וְרַחֵם עָלֵינוּ. וְהוֹשִׁיעֵנוּ כִּי אֵלֶיךָ עֵינֵינוּ. כִּי אֵל מֶלֶךְ חַנּוּן וְרַחוּם אָתָּה:
וְתִבְנֶה יְרוּשָׁלַיִם עִירְךָ בִּמְהֵרָה בְיָמֵינוּ: בָּרוּךְ אַתָּה יְהֹוָה בּוֹנֵה יְרוּשָׁלָיִם
ואומרים בלחש: אָמֵן:

ברכות למי ששכח לומר "רצה" או "יעלה ויבוא"
שכח לומר "רצה" בשבת או "יעלה ויבוא" בראש חודש, יום טוב או חול המועד,
ונזכר קודם שאמר "ה'" בברכת "בונה ירושלים", אומר אותו שם. אבל אם אמר "ה'"
אם נזכר קודם שהתחיל "הטוב והמיטיב" יאמר:

בשבת: בָּרוּךְ אַתָּה יְהֹוָה אֱלֹהֵינוּ מֶלֶךְ הָעוֹלָם שֶׁנָּתַן שַׁבָּתוֹת לִמְנוּחָה לְעַמּוֹ יִשְׂרָאֵל בְּאַהֲבָה לְאוֹת וְלִבְרִית: בָּרוּךְ אַתָּה יְהֹוָה מְקַדֵּשׁ הַשַּׁבָּת:

ביום-טוב וחול המועד: בָּרוּךְ אַתָּה יְהֹוָה אֱלֹהֵינוּ מֶלֶךְ הָעוֹלָם שֶׁנָּתַן יָמִים טוֹבִים
(בחול המועד מוֹעֲדִים) לְעַמּוֹ יִשְׂרָאֵל לְשָׂשׂוֹן וּלְשִׂמְחָה
אֶת יוֹם בפסח: חַג הַמַּצּוֹת: בשבועות: חַג הַשָּׁבוּעוֹת:
בסוכות: חַג הַסֻּכּוֹת: בשמיני עצרת: שְׁמִינִי חַג עֲצֶרֶת הַזֶּה:
(ביום טוב מוסיפים בָּרוּךְ אַתָּה יְהֹוָה מְקַדֵּשׁ יִשְׂרָאֵל וְהַזְּמַנִּים:)

ביום-טוב שחל בשבת: בָּרוּךְ אַתָּה יְהֹוָה אֱלֹהֵינוּ מֶלֶךְ הָעוֹלָם שֶׁנָּתַן שַׁבָּתוֹת לִמְנוּחָה לְעַמּוֹ יִשְׂרָאֵל בְּאַהֲבָה לְאוֹת וְלִבְרִית וְיָמִים טוֹבִים (בחול המועד מוֹעֲדִים) לְשָׂשׂוֹן וּלְשִׂמְחָה
אֶת יוֹם בפסח: חַג הַמַּצּוֹת בשבועות: חַג הַשָּׁבוּעוֹת
בסוכות: חַג הַסֻּכּוֹת בשמיני עצרת: שְׁמִינִי חַג עֲצֶרֶת הַזֶּה:
בָּרוּךְ אַתָּה יְהֹוָה מְקַדֵּשׁ הַשַּׁבָּת וְיִשְׂרָאֵל וְהַזְּמַנִּים:

בראש השנה: בָּרוּךְ אַתָּה יְהֹוָה אֱלֹהֵינוּ מֶלֶךְ הָעוֹלָם שֶׁנָּתַן יָמִים טוֹבִים לְעַמּוֹ יִשְׂרָאֵל אֶת יוֹם הַזִּכָּרוֹן הַזֶּה: בָּרוּךְ אַתָּה יְהֹוָה מְקַדֵּשׁ יִשְׂרָאֵל וְיוֹם הַזִּכָּרוֹן:
בראש השנה שחל בשבת: בָּרוּךְ אַתָּה יְהֹוָה אֱלֹהֵינוּ מֶלֶךְ הָעוֹלָם שֶׁנָּתַן שַׁבָּתוֹת לִמְנוּחָה לְעַמּוֹ יִשְׂרָאֵל בְּאַהֲבָה לְאוֹת וְלִבְרִית וְיָמִים טוֹבִים לְיִשְׂרָאֵל אֶת יוֹם הַזִּכָּרוֹן הַזֶּה:
בָּרוּךְ אַתָּה יְהֹוָה מְקַדֵּשׁ הַשַּׁבָּת וְיִשְׂרָאֵל וְיוֹם הַזִּכָּרוֹן:

בראש חודש: בָּרוּךְ שֶׁנָּתַן רָאשֵׁי חֳדָשִׁים לְעַמּוֹ יִשְׂרָאֵל לְזִכָּרוֹן:
בראש חודש שחל בשבת: בָּרוּךְ אַתָּה יְהֹוָה אֱלֹהֵינוּ מֶלֶךְ הָעוֹלָם שֶׁנָּתַן שַׁבָּתוֹת לִמְנוּחָה לְעַמּוֹ יִשְׂרָאֵל בְּאַהֲבָה לְאוֹת וְלִבְרִית וְרָאשֵׁי חֳדָשִׁים לְזִכָּרוֹן:
בָּרוּךְ אַתָּה יְהֹוָה מְקַדֵּשׁ הַשַּׁבָּת וְיִשְׂרָאֵל וְרָאשֵׁי חֳדָשִׁים:

בָּרוּךְ אַתָּה יְהֹוָה

אֱלֹהֵינוּ מֶלֶךְ הָעוֹלָם לָעַד הָאֵל אָבִינוּ מַלְכֵּנוּ אַדִּירֵנוּ. בּוֹרְאֵנוּ. גּוֹאֲלֵנוּ. קְדוֹשֵׁנוּ. קְדוֹשׁ יַעֲקֹב. רוֹעֵנוּ רוֹעֵה יִשְׂרָאֵל. הַמֶּלֶךְ הַטּוֹב וְהַמֵּטִיב לַכֹּל. שֶׁבְּכָל־יוֹם וָיוֹם הוּא הֵטִיב לָנוּ. הוּא מֵטִיב לָנוּ. הוּא יֵיטִיב לָנוּ. הוּא גְמָלָנוּ. הוּא גוֹמְלֵנוּ. הוּא יִגְמְלֵנוּ לָעַד חֵן וָחֶסֶד וְרַחֲמִים וְרֵוַח וְהַצָּלָה וְכָל־טוֹב: ועונים: אָמֵן.

הָרַחֲמָן הוּא יִשְׁתַּבַּח עַל כִּסֵּא כְבוֹדוֹ:
הָרַחֲמָן הוּא יִשְׁתַּבַּח בַּשָּׁמַיִם וּבָאָרֶץ:
הָרַחֲמָן הוּא יִשְׁתַּבַּח בָּנוּ לְדוֹר דּוֹרִים:
הָרַחֲמָן הוּא קֶרֶן לְעַמּוֹ יָרִים:
הָרַחֲמָן הוּא יִתְפָּאַר בָּנוּ לָנֶצַח נְצָחִים:
הָרַחֲמָן הוּא יְפַרְנְסֵנוּ בְּכָבוֹד וְלֹא בְבִזּוּי
בְּהֶתֵּר וְלֹא בְאִסּוּר בְּנַחַת וְלֹא בְצַעַר:
הָרַחֲמָן הוּא יִתֵּן שָׁלוֹם בֵּינֵינוּ:
הָרַחֲמָן הוּא יִשְׁלַח בְּרָכָה רְוָחָה
וְהַצְלָחָה בְּכָל־מַעֲשֵׂה יָדֵינוּ:
הָרַחֲמָן הוּא יַצְלִיחַ אֶת דְּרָכֵינוּ:
הָרַחֲמָן הוּא יִשְׁבּוֹר עוֹל גָּלוּת מְהֵרָה מֵעַל צַוָּארֵנוּ:
הָרַחֲמָן הוּא יוֹלִיכֵנוּ מְהֵרָה קוֹמְמִיּוּת לְאַרְצֵנוּ:
הָרַחֲמָן הוּא יִרְפָּאֵנוּ רְפוּאָה שְׁלֵמָה
רְפוּאַת הַנֶּפֶשׁ וּרְפוּאַת הַגּוּף:
הָרַחֲמָן הוּא יִפְתַּח לָנוּ אֶת יָדוֹ הָרְחָבָה:
הָרַחֲמָן הוּא יְבָרֵךְ כָּל אֶחָד וְאֶחָד מִמֶּנּוּ בִּשְׁמוֹ הַגָּדוֹל
כְּמוֹ שֶׁנִּתְבָּרְכוּ אֲבוֹתֵינוּ אַבְרָהָם יִצְחָק וְיַעֲקֹב בַּכֹּל מִכֹּל כֹּל.
כֵּן יְבָרֵךְ אוֹתָנוּ יַחַד בְּרָכָה שְׁלֵמָה. וְכֵן יְהִי רָצוֹן וְנֹאמַר אָמֵן:
הָרַחֲמָן הוּא יִפְרוֹשׂ עָלֵינוּ סֻכַּת שְׁלוֹמוֹ:

בשבת: הָרַחֲמָן הוּא יַנְחִילֵנוּ עוֹלָם שֶׁכֻּלּוֹ שַׁבָּת
וּמְנוּחָה לְחַיֵּי הָעוֹלָמִים:

בראש חודש: הָרַחֲמָן הוּא יְחַדֵּשׁ עָלֵינוּ אֶת הַחֹדֶשׁ הַזֶּה
לְטוֹבָה וְלִבְרָכָה:

בראש השנה: הָרַחֲמָן הוּא יְחַדֵּשׁ עָלֵינוּ אֶת הַשָּׁנָה
הַזֹּאת לְטוֹבָה וְלִבְרָכָה:

בסוכות: הָרַחֲמָן הוּא יְזַכֵּנוּ לֵישֵׁב בְּסֻכַּת עוֹרוֹ שֶׁל לִוְיָתָן:
הָרַחֲמָן הוּא יַשְׁפִּיעַ עָלֵינוּ שֶׁפַע קְדֻשָּׁה וְטָהֳרָה מִשִּׁבְעָה
אוּשְׁפִּיזִין עִלָּאִין קַדִּישִׁין. זְכוּתָם תְּהֵא מָגֵן וְצִנָּה עָלֵינוּ:

בשלוש רגלים: הָרַחֲמָן הוּא יַגִּיעֵנוּ לְמוֹעֲדִים אֲחֵרִים הַבָּאִים
לִקְרָאתֵנוּ לְשָׁלוֹם:

ביום טוב: הָרַחֲמָן הוּא יַנְחִילֵנוּ לְיוֹם שֶׁכֻּלּוֹ טוֹב:

הָרַחֲמָן הוּא יִטַּע תּוֹרָתוֹ וְאַהֲבָתוֹ בְּלִבֵּנוּ וְתִהְיֶה יִרְאָתוֹ
עַל פָּנֵינוּ לְבִלְתִּי נֶחֱטָא. וְיִהְיוּ כָל מַעֲשֵׂינוּ לְשֵׁם שָׁמַיִם:

ברכת האורח: הָרַחֲמָן הוּא יְבָרֵךְ אֶת הַשֻּׁלְחָן הַזֶּה שֶׁאָכַלְנוּ עָלָיו
וִיסַדֵּר בּוֹ כָּל מַעֲדַנֵּי עוֹלָם וְיִהְיֶה כְּשֻׁלְחָנוֹ שֶׁל אַבְרָהָם
אָבִינוּ כָּל רָעֵב מִמֶּנּוּ יֹאכַל וְכָל צָמֵא מִמֶּנּוּ יִשְׁתֶּה. וְאַל
יֶחְסַר מִמֶּנּוּ כָּל טוּב לָעַד וּלְעוֹלְמֵי עוֹלָמִים אָמֵן:
הָרַחֲמָן הוּא יְבָרֵךְ בַּעַל הַבַּיִת הַזֶּה וּבַעַל הַסְּעֻדָּה הַזֹּאת.
הוּא וּבָנָיו וְאִשְׁתּוֹ וְכָל אֲשֶׁר לוֹ. בְּבָנִים שֶׁיִּחְיוּ. וּבִנְכָסִים
שֶׁיִּרְבּוּ. בָּרֵךְ יְהֹוָה חֵילוֹ וּפֹעַל יָדָיו תִּרְצֶה. וְיִהְיוּ נְכָסָיו וּנְכָסֵינוּ מֻצְלָחִים
וּקְרוֹבִים לָעִיר. וְאַל יִזְדַּקֵּק לְפָנָיו וְלֹא לְפָנֵינוּ שׁוּם דְּבַר חֵטְא וְהִרְהוּר
עָוֹן. שָׂשׂ וְשָׂמֵחַ כָּל הַיָּמִים בְּעֹשֶׁר וְכָבוֹד מֵעַתָּה וְעַד עוֹלָם. לֹא יֵבוֹשׁ
בָּעוֹלָם הַזֶּה וְלֹא יִכָּלֵם לָעוֹלָם הַבָּא. אָמֵן כֵּן יְהִי רָצוֹן:

בסעודת המילה: הָרַחֲמָן הוּא יְבָרֵךְ אֶת בַּעַל הַבַּיִת הַזֶּה אֲבִי הַבֵּן הוּא
וְאִשְׁתּוֹ הַיּוֹלֶדֶת מֵעַתָּה וְעַד עוֹלָם:
הָרַחֲמָן הוּא יְבָרֵךְ אֶת הַיֶּלֶד הַנּוֹלָד וּכְשֵׁם שֶׁזִּכָּהוּ
הַקָּדוֹשׁ בָּרוּךְ הוּא לַבְּרִית כֵּן יְזַכֵּהוּ לִיכָּנֵס לַתּוֹרָה
וְלַמִּצְוֹת וְלַחֻפָּה וּלְמַעֲשִׂים טוֹבִים וְכֵן יְהִי רָצוֹן וְנֹאמַר אָמֵן:
הָרַחֲמָן הוּא יְבָרֵךְ אֶת מַעֲלַת הַסַּנְדָּק וְהַמּוֹהֵל וּשְׁאָר
הַמִּשְׁתַּדְּלִים בַּמִּצְוָה הֵם וְכָל אֲשֶׁר לָהֶם:

בסעודת החתן: הָרַחֲמָן הוּא יְבָרֵךְ אֶת הֶחָתָן וְאֶת הַכַּלָּה
בְּבָנִים זְכָרִים לַעֲבוֹדָתוֹ יִתְבָּרַךְ:

הָרַחֲמָן הוּא יְחַיֵּינוּ וִיזַכֵּנוּ וִיקָרְבֵנוּ לִימוֹת הַמָּשִׁיחַ
וּלְבִנְיַן בֵּית הַמִּקְדָּשׁ וּלְחַיֵּי הָעוֹלָם הַבָּא. מַגְדִּיל (ביום שיש בו יש מוסף:
מִגְדּוֹל) יְשׁוּעוֹת מַלְכּוֹ. וְעֹשֶׂה-חֶסֶד לִמְשִׁיחוֹ לְדָוִד וּלְזַרְעוֹ עַד-עוֹלָם:
כְּפִירִים רָשׁוּ וְרָעֵבוּ. וְדֹרְשֵׁי יְהוָה לֹא-יַחְסְרוּ כָל-טוֹב: נַעַר הָיִיתִי
גַּם-זָקַנְתִּי וְלֹא-רָאִיתִי צַדִּיק נֶעֱזָב. וְזַרְעוֹ מְבַקֶּשׁ-לָחֶם: כָּל-הַיּוֹם
חוֹנֵן וּמַלְוֶה. וְזַרְעוֹ לִבְרָכָה: מַה שֶּׁאָכַלְנוּ יִהְיֶה לְשָׂבְעָה. וּמַה שֶּׁשָּׁתִינוּ
יִהְיֶה לִרְפוּאָה. וּמַה שֶּׁהוֹתַרְנוּ יִהְיֶה לִבְרָכָה כְּדִכְתִיב וַיִּתֵּן לִפְנֵיהֶם
וַיֹּאכְלוּ וַיּוֹתִירוּ כִּדְבַר יְהוָה: בְּרוּכִים אַתֶּם לַיהוָה. עֹשֵׂה שָׁמַיִם וָאָרֶץ:
בָּרוּךְ הַגֶּבֶר אֲשֶׁר יִבְטַח בַּיהוָה. וְהָיָה יְהוָה מִבְטַחוֹ:
יְהוָה עֹז לְעַמּוֹ יִתֵּן. יְהוָה יְבָרֵךְ אֶת-עַמּוֹ בַשָּׁלוֹם:

עוֹשֶׂה שָׁלוֹם בִּמְרוֹמָיו
הוּא בְּרַחֲמָיו יַעֲשֶׂה שָׁלוֹם עָלֵינוּ
וְעַל כָּל-עַמּוֹ יִשְׂרָאֵל וְאִמְרוּ אָמֵן:

ברכה אחרונה מעין שלוש

(על מיני מזונות מחמשת מיני דגן, על יין או מיץ ענבים ועל פירות משבעת המינים)

בָּרוּךְ אַתָּה יְהֹוָה אֱלֹהֵינוּ מֶלֶךְ הָעוֹלָם

אם אכל מזונות: **עַל הַמִּחְיָה וְעַל הַכַּלְכָּלָה.**

אם שתה יין: **עַל הַגֶּפֶן וְעַל פְּרִי הַגֶּפֶן.**

אם אכל פירות משבעת המינים: **עַל הָעֵץ וְעַל פְּרִי הָעֵץ.**

וְעַל תְּנוּבַת הַשָּׂדֶה וְעַל אֶרֶץ חֶמְדָּה טוֹבָה וּרְחָבָה שֶׁרָצִיתָ וְהִנְחַלְתָּ לַאֲבוֹתֵינוּ לֶאֱכוֹל מִפִּרְיָהּ וְלִשְׂבּוֹעַ מִטּוּבָהּ. רַחֵם יְהֹוָה אֱלֹהֵינוּ עָלֵינוּ וְעַל יִשְׂרָאֵל עַמָּךְ וְעַל יְרוּשָׁלַיִם עִירָךְ וְעַל הַר צִיּוֹן מִשְׁכַּן כְּבוֹדָךְ. וְעַל מִזְבְּחָךְ. וְעַל הֵיכָלָךְ. וּבְנֵה יְרוּשָׁלַיִם עִיר הַקֹּדֶשׁ בִּמְהֵרָה בְיָמֵינוּ. וְהַעֲלֵנוּ לְתוֹכָהּ. וְשַׂמְּחֵנוּ בְּבִנְיָנָהּ וּנְבָרֶכְךָ עָלֶיהָ בִּקְדֻשָּׁה וּבְטָהֳרָה:

בשבת: **וּרְצֵה וְהַחֲלִיצֵנוּ בְּיוֹם הַשַּׁבָּת הַזֶּה:**

בראש חודש: **וְזָכְרֵנוּ לְטוֹבָה בְּיוֹם רֹאשׁ חֹדֶשׁ הַזֶּה:**

בראש השנה: **וְזָכְרֵנוּ לְטוֹבָה בְּיוֹם הַזִּכָּרוֹן הַזֶּה:**

ביום טוב ובחול המועד: **וְשַׂמְּחֵנוּ בְּיוֹם..** בפסח..**חַג הַמַּצּוֹת** בשבועות..**חַג הַשָּׁבוּעוֹת** בסוכות..**חַג הַסֻּכּוֹת** בשמיני עצרת..**שְׁמִינִי חַג עֲצֶרֶת הַזֶּה.**

בְּיוֹם (ביום-טוב **טוֹב**) **מִקְרָא קֹדֶשׁ הַזֶּה:**

כִּי אַתָּה טוֹב וּמֵטִיב לַכֹּל וְנוֹדֶה לְךָ יְיָ אֱלֹהֵינוּ עַל הָאָרֶץ

על שגדל בארץ אומר: וְעַל מִחְיָתָהּ וְעַל כַּלְכָּלָתָהּ./ פְּרִי גַפְנָהּ./ פֵּירוֹתֶיהָ:

על שגדל בחו"ל אומר: וְעַל הַמִּחְיָה וְעַל הַכַּלְכָּלָה./ וְעַל פְּרִי הַגֶּפֶן./ וְעַל הַפֵּרוֹת:

בָּרוּךְ אַתָּה יְהֹוָה עַל הָאָרֶץ וְעַל

על שגדל בארץ אומר: מִחְיָתָהּ: /פְּרִי גַפְנָהּ :/פֵּירוֹתֶיהָ:

על שגדל בחו"ל אומר: הַמִּחְיָה: /פְּרִי הַגֶּפֶן: /הַפֵּרוֹת:

על פירות האילן (חוץ משבעת מינים), ופירות האדמה וירקות.
ועל כל המשקאות, ועל דבר שאין גידולו מן הצמח מברכים אחר אכילתו:

בָּרוּךְ אַתָּה יְהֹוָה אֱלֹהֵינוּ מֶלֶךְ הָעוֹלָם בּוֹרֵא נְפָשׁוֹת רַבּוֹת וְחֶסְרוֹנָן עַל כָּל מַה שֶּׁבָּרָאתָ לְהַחֲיוֹת בָּהֶם נֶפֶשׁ כָּל חָי. בָּרוּךְ חַי הָעוֹלָמִים:

ברכת הנהנין

על הלחם מברך:

בָּרוּךְ אַתָּה יְהֹוָה אֱלֹהֵינוּ מֶלֶךְ הָעוֹלָם
הַמּוֹצִיא לֶחֶם מִן הָאָרֶץ:

על תבשיל מחמשת מיני דגן
ועל מיני מאפה מברך:

בָּרוּךְ אַתָּה יְהֹוָה אֱלֹהֵינוּ מֶלֶךְ הָעוֹלָם בּוֹרֵא מִינֵי מְזוֹנוֹת:

על היין מברך:

בָּרוּךְ אַתָּה יְהֹוָה אֱלֹהֵינוּ מֶלֶךְ הָעוֹלָם בּוֹרֵא פְּרִי הַגָּפֶן:

על כל פרי העץ מברך:

בָּרוּךְ אַתָּה יְהֹוָה אֱלֹהֵינוּ מֶלֶךְ הָעוֹלָם בּוֹרֵא פְּרִי הָעֵץ:

על פרי האדמה מברך:

בָּרוּךְ אַתָּה יְהֹוָה אֱלֹהֵינוּ מֶלֶךְ הָעוֹלָם בּוֹרֵא פְּרִי הָאֲדָמָה:

על בשר ודגים, חלב, ביצה וגבינה, כמהין, פטריות
וכדומה, גם על המשקים חוץ מיין מברך:

בָּרוּךְ אַתָּה יְהֹוָה אֱלֹהֵינוּ מֶלֶךְ הָעוֹלָם
שֶׁהַכֹּל נִהְיָה בִּדְבָרוֹ:

על פירות האילן (חוץ משבעת מינים), ופירות האדמה
וירקות, ועל כל המשקאות, ועל דבר שאין
גידולו מן הצמח מברכים אחר אכילתו:

בָּרוּךְ אַתָּה יְהֹוָה אֱלֹהֵינוּ מֶלֶךְ הָעוֹלָם בּוֹרֵא נְפָשׁוֹת
רַבּוֹת וְחֶסְרוֹנָן עַל כָּל מַה שֶּׁבָּרָאתָ לְהַחֲיוֹת בָּהֶם נֶפֶשׁ
כָּל חָי. בָּרוּךְ חַי הָעוֹלָמִים:

רְפוּאָה שְׁלֵמָה

יש הנוהגים לשאת תפילה זו, הנאמרת גם בציבור בשעת קריאת התורה, לשלומו של חולה במחלה קשה:

"מי שבירך" לחולה

לזכר: מִי שֶׁבֵּרַךְ אֲבוֹתֵינוּ אַבְרָהָם יִצְחָק וְיַעֲקֹב מֹשֶׁה וְאַהֲרֹן דָּוִד וּשְׁלֹמֹה הוּא יְבָרֵךְ אֶת הַחוֹלֶה (פלוני בן פלונית) בַּעֲבוּר שֶׁאֶתֵּן מַתָּנָה בַּעֲבוּרוֹ. בִּשְׂכַר זֶה הַקָּדוֹשׁ בָּרוּךְ הוּא יִמָּלֵא רַחֲמִים עָלָיו לְהַחֲלִימוֹ וּלְרַפְּאתוֹ וּלְהַחֲזִיקוֹ וּלְהַחֲיוֹתוֹ. וְיִשְׁלַח לוֹ מְהֵרָה רְפוּאָה שְׁלֵמָה מִן הַשָּׁמַיִם לְרַמַ"ח אֵבָרָיו וּשְׁסָ"ה גִּידָיו בְּתוֹךְ שְׁאָר חוֹלֵי יִשְׂרָאֵל. רְפוּאַת הַנֶּפֶשׁ וּרְפוּאַת הַגּוּף (בשבת שַׁבָּת הִיא מִלִּזְעוֹק וּרְפוּאָה קְרוֹבָה לָבוֹא. (ביו"ט יוֹם טוֹב הוּא מִלִּזְעוֹק וּרְפוּאָה קְרוֹבָה לָבוֹא). הַשְׁתָּא בַּעֲגָלָא וּבִזְמַן קָרִיב.

וְנֹאמַר אָמֵן:

לנקבה: מִי שֶׁבֵּרַךְ אֲבוֹתֵינוּ אַבְרָהָם יִצְחָק וְיַעֲקֹב מֹשֶׁה וְאַהֲרֹן דָּוִד וּשְׁלֹמֹה הוּא יְבָרֵךְ אֶת הַחוֹלָנִית (פלונית בת פלונית) בַּעֲבוּר שֶׁאֶתֵּן מַתָּנָה בַּעֲבוּרָהּ. בִּשְׂכַר זֶה הַקָּדוֹשׁ בָּרוּךְ הוּא יִמָּלֵא רַחֲמִים עָלֶיהָ לְהַחֲלִימָהּ וּלְרַפְּאתָהּ וּלְהַחֲזִיקָהּ וּלְהַחֲיוֹתָהּ. וְיִשְׁלַח לָהּ מְהֵרָה רְפוּאָה שְׁלֵמָה מִן הַשָּׁמַיִם לְכָל אֵבָרֶיהָ וּלְכָל גִּידֶיהָ בְּתוֹךְ שְׁאָר חוֹלֵי יִשְׂרָאֵל. רְפוּאַת הַנֶּפֶשׁ וּרְפוּאַת הַגּוּף (בשבת שַׁבָּת הִיא מִלִּזְעוֹק וּרְפוּאָה קְרוֹבָה לָבוֹא. (ביו"ט יוֹם טוֹב הוּא מִלִּזְעוֹק וּרְפוּאָה קְרוֹבָה לָבוֹא). הַשְׁתָּא בַּעֲגָלָא וּבִזְמַן קָרִיב.

וְנֹאמַר אָמֵן:

ברכת המזוזה

נצטווינו בתורה "וכתבתם על מזוזות ביתך ובשעריך" (דברים ו, ט), לכתוב על קלף את פרשת "שמע ישראל" ואת פרשת "והיה אם שמוע", ולקבעו על מזוזת פתח הבית מימין הנכנס, לזיכרון לאדם באמונת ה', בכל זמן שהוא נכנס ויוצא מביתו. כל בית (= חדר) שיש בו ארבע אמות (כשני מטרים) על ארבע אמות, חייב במזוזה אם הוא משמש למגורי אדם, וכן שערי חצרות, מבואות וערים. בדברי חז"ל מצאנו מאמרים בשבח מצווה זו, שהמקיימה "הכל בחיזוק שלא יחטא", ובגנות המבטלה "שהוא מנודה לשמים". קיום מצווה זו כהלכתה מבטיח שמירה על הבית, וכן אמר אונקלוס הגר לשליחי הקיסר: "מנהגו של עולם - מלך בשר ודם יושב מבפנים ועבדיו משמרים אותו מבחוץ, ואילו הקב"ה - עבדיו מבפנים והוא משמרם מבחוץ".

בָּרוּךְ אַתָּה יְהֹוָה אֱלֹהֵינוּ מֶלֶךְ הָעוֹלָם, אֲשֶׁר קִדְּשָׁנוּ בְּמִצְוֹתָיו, וְצִוָּנוּ לִקְבֹּעַ מְזוּזָה.

אחר שיקבענה ינשקנה ויאמר:

זֶה הַשַּׁעַר לַיהֹוָה צַדִּיקִים יָבֹאוּ בוֹ